Maud Ventura

MON MARI

Мод Вентура

МОЙ МУЖ

РИПОЛ КЛАССИК

УДК 821.133.1
ББК 84(4Фра)6-44
В29

Перевод с французского Н. В. Баландиной

Вентура, Мод

В29 Мой муж / М. Вентура ; [пер. с фр. Н. В. Баландиной]. — М. : РИПОЛ классик, 2024. — 272 с.

ISBN 978-5-386-15284-0

Дебютный роман о том, как уродлива бывает любовь.

Она красавица, мать двоих детей, переводчица и преподавательница. И она любит своего мужа! Настолько любит, что ведет дневник его настроений, дневник его музыкальных предпочтений, дневник его проступков... И наказаний, которым она его подвергнет.

Роман о том, что может произойти, если любовь превращается в одержимость. Все начиналось безобидно: девушка из бедной семьи скрывала свой настоящий цвет волос от доброго богатого мужчины. Но это зашло слишком далеко.

УДК 821.133.1
ББК 84(4Фра)6-44

ISBN 978-5-386-15284-0

Я думала, что пишу, но не писала,
думала, что люблю, но не любила,
я всю жизнь лишь ждала
перед закрытой дверью.

Маргерит Дюрас, Любовник

Я влюблена в моего мужа. Вернее, следовало бы сказать: я *по-прежнему* влюблена в моего мужа.

Я люблю моего мужа так же, как в начале нашего знакомства, — пылкой и анахронической любовью. Я люблю его так, словно мне шестнадцать лет, словно мы только что познакомились, словно нас ничего не связывает: ни дом, ни дети. Я люблю его так, словно меня никогда не бросали, словно я ничему не научилась, словно он мой первый мужчина, словно мне предстоит умереть в воскресенье.

Моя любовь к нему не претерпела изменений: первоначальная страсть так и не превратилась в нежную привязанность. Я все время думаю о моем муже; я хотела бы по нескольку раз в день посылать ему сообщения; я представляю, как признаюсь ему в любви каждое утро; я мечтаю, чтобы мы занимались любовью каждый вечер. Но я сдерживаю себя, потому что должна быть также супругой и матерью. В моем возрасте не пристало сгорать от любви. Страсть неприлична при наличии двоих детей в доме, неуместна после стольких лет совместной жизни. Я знаю, что мне нужно сохранять самообладание, чтобы любить.

Я жажду запретной любви, роковой страсти, которую нельзя выставлять напоказ. Еще больше меня привлекает любовь безответная или переставшая быть таковой, когда одно сердце бьется, а другое — уже нет. Я завидую вдовам, любовницам и покинутым женщинам, поскольку в течение пятнадцати лет парадоксальным образом постоянно страдаю оттого, что люблю взаимно и испытываю ничем не омраченные чувства.

Я живу в страхе это потерять. Я ежеминутно опасаюсь, что обстоятельства примут неблагоприятный оборот. Я защищаюсь от угроз, которых не существует.

Но я вовсе не жертва. Ничто не омрачает мою любовь к моему мужу: это разделенная, совершенная любовь. Сколько раз я надеялась, что он мне солжет, изменит или меня бросит: роль сломленной, разведенной женщины играть легче. Она уже написана. Она уже сыграна.

Мой муж

Ни в одной из известных мне пьес нет героини, которая могла бы мне подсказать, как справиться с чрезмерной любовью к тому, кем обладаешь и кто не собирается от тебя уходить. Любовных страдальцев, которые воспевают утрату или отвержение, — миллионы. Но я не знаю ни одного романа, ни одного фильма, ни одного стихотворения, которые послужили бы мне примером, показав, как любить по-настоящему и не так сильно. Мне нечем документально подтвердить мои мучения.

Мне также нечем их ослабить, поскольку мой муж дал мне все. Я знаю, что мы будем вместе до конца жизни. Я мать его двоих детей. Казалось бы, чего еще можно желать? И все же я чувствую огромную пустоту и ожидаю, что он ее устранит. Но с помощью какого дома, какого украшения, какого признания в любви, какого путешествия, какого поступка он может заполнить то, что уже и так полно?

Понедельник

Каждый понедельник я бодро вхожу в ворота лицея. Я работаю учителем английского языка почти пятнадцать лет, однако мне до сих пор нравится проводить уроки. В течение часа я нахожусь в центре внимания. Я контролирую продолжительность урока, мой голос заполняет пространство. Кроме того, я перевожу книги для издательства. Возможно, благодаря этой двойной жизни я не утратила вкуса к преподаванию.

На парковке для преподавателей я встретила директора лицея. Мы недолго разговариваем, затем наступает долгожданный момент: он спрашивает, как дела у *моего мужа*. Я отвечаю: у *моего мужа* все хорошо. Хотя со дня нашей свадьбы минуло тринадцать лет, эти слова неизменно оказывают на меня одно и то же воздействие. Меня бросает в дрожь от гордости, когда я вскользь замечаю в учительской, что «мой муж работает в сфере финансов»; когда, стоя у школьной ограды, предупреждаю учительницу моей дочери, что «в четверг детей заберет мой муж»; когда, зайдя за выпечкой в булочную, заявляю, что «мой муж сделал заказ во вторник»; когда на вопрос о том, где мы впервые увидели друг друга, отвечаю с нарочито равнодушным видом (однако в действительности считаю это крайне романтичным): «Мы с мужем познакомились случайно — на рок-концерте». У моего мужа больше нет имени, он *мой муж*, моя собственность.

Понедельник всегда был моим любимым днем недели. Иногда он наряжается в глубокий, королевский синий цвет — темно-синий, полуночно-синий, египетский синий или сапфирово-синий. Но в основном понедельник окрашен в практичный, экономичный, бодрящий синий, похожий на цвет шариковых ручек *Bic*, папок для бумаг моих учеников и простой одежды, которая подходит ко всему. Понедельник также является днем этикеток, новых целей и ящиков для хранения вещей. Днем правильного выбора и взвешенных решений. Мне доводилось слышать, что понедельники любят одни лишь умники, что только интеллектуалы могут радоваться окончанию выходных. Может, и так. Но я усматриваю в этом проявление моей страсти к новизне. В книге я всегда предпочитала первые главы. В фильме — первые пятнадцать минут. В театре — первый акт. Мне интересны исходные ситуации. Когда каждый на своем месте и мир в равновесии.

Около полудня я прошу учеников прочитать текст. После этого поочередно предоставляю им слово. Записываю на доске новую лексику, которая им понадобится для развития устной речи (испытываемое мною чувство власти опьяняет). В отрывке, который мы сегодня изучаем, у одного из персонажей то же имя, что и у моего мужа. У меня сжимается сердце всякий раз, когда кто-то из моих учеников его пишет или произносит. Затем мы переводим и комментируем обмен свадебными клятвами между супругами. Мои ученики знают эту англосаксонскую традицию по американским сериалам (в которых эта церемония часто прерывается неожиданным появлением бывшего возлюбленного невесты, изо всех сил пытающегося вновь завоевать ее сердце). Столь ожидаемый ответ «I do» — «Да» дает возможность изучить использование вспомогательного глагола.

Пока последние ученики покидают класс, я открываю окна, чтобы избавиться от запахов пота и фломастера для белой доски, скопившихся в нем к концу урока. К ним примешались слишком сладкие (девочки) и слишком терпкие (мальчики) ароматы. Подростковые гормоны обожают сверхконцентрированные парфюмерные изделия, которые продаются в супермаркетах. Возможно, именно такого рода духи мне следовало бы приобрести. Последние несколько месяцев я ношу аромат, созданный секретным частным парфюмером, который, вопреки ожиданиям, на моей коже оказался не знойным, а безнадежно скучным. Но кто из шестнадцатилетних разбирается в модных ароматах? Я могла бы придумать задание на тему запахов и попросить учеников описать их духи — это было бы одновременно полезно и для меня (помогло бы найти идеи для новых ароматов), и для них (расширило бы их словарный запас, связанный с обонянием).

Роза заходила к нам, когда я была в лицее. Я стараюсь не встречаться с ней, поскольку не знаю, что ей говорить; в отличие от людей, давно живущих в богатстве, я не способна непринужденно разговаривать с прислугой: мне всегда казалось противоестественным, что она убирается в моем доме.

В воздухе витает едва уловимый запах чистоты, который исходит от пушистых полотенец, сильно пахнущих стиральным порошком в ванной комнате, и от ставшего мягким со временем льняного постельного белья на кроватях. С большого зеркала в прихожей исчезли следы пальцев. На кухне блестит красная напольная плитка.

Статуэтки на камине, шерстяное одеяло на диване, вышитые диванные подушки, свечи на этажерке, книги в книжном шкафу, журналы об искусстве сложены стопкой на журнальном столике, фотографии в рамках висят вдоль лестницы — каждая вещь на своем месте. Купленные на рынке цветы величественно возвышаются в центре обеденного стола. Наверняка Роза поменяла местами некоторые стебли и оторвала несколько листочков, чтобы подчеркнуть красоту букета.

Вчера вечером мой муж ходил на рынок. Меня поражает изобилие, царящее на кухне: булочки и джем лежат на столешнице, корзина для фруктов полна абрикосов и персиков. Я знаю, это глупо, но чем больше покупок совершает мой муж, тем больше мне кажется, что он меня любит. Как будто он вкладывает деньги в нашу пару. Словно торговец фруктами и овощами, который взвешивает один за другим бумажные пакетики, я могу определить количество его любви каждое воскресенье по сумме на кассовом чеке, оставленном на дне хозяйственной сумки, с которой он возвратился с рынка. Итог: овощи и мясо, тапенада от продавца оливок, салат из грейпфрута с крабами из кулинарии, много разного сыра. Кухня, набитая до отказа продуктами, заставляет мое сердце биться быстрее.

Четырнадцать часов тридцать минут. Еще слишком рано забирать почту, но в любом случае я ничем не рискую, если проверю. Достаю ключ, который прячу в двойном дне шкатулки для драгоценностей, прохожу по аллее, несмело открываю почтовый ящик и с облегчением обнаруживаю три письма, в которых нет ничего тревожного или необычного (ни рукописного письма, ни конверта без марки). Подняв глаза, вижу, что меня рассматривает сосед с расстояния в несколько метров. В панике приветствую его и скрываюсь в доме.

Мне нужно время, чтобы успокоиться. Но я знаю, что именно в такие моменты более всего склонна совершать ошибки. Поэтому беру себя в руки. Я кладу ключ обратно в двойное дно шкатулки для драгоценностей, рядом с кольцом, которое не утратило своего блеска, хотя и слегка потемнело от времени. Ему почти двадцать лет, но я храню его из чувства ностальгии, несмотря на известные риски: что, если мой муж однажды случайно найдет его? Как я смогу объяснить ему, откуда у меня взялось кольцо с крупным бриллиантом, почти идентичное тому, которое он подарил мне в день, когда сделал предложение руки и сердца?

И все же моя жизнь до встречи с ним его не касается. Я не обязана все ему рассказывать: долго живут в браке те люди, которые не раскрывают друг другу свои тайны. Например, через несколько месяцев после нашего знакомства я ушла от него —

вернулась к своему бывшему парню Адриану. Мы сели в поезд и поехали к морю. Затем, однажды утром, я оставила Адриану записку на подушке и ушла к тому, кто собирался стать моим мужем. Моему мужу не обязательно знать, что происходило в течение этих двух недель сомнений.

Как обычно, по понедельникам мой муж плавает в бассейне после работы. И, как всегда по понедельникам, я готовлю ужин более нервно, чем в другие дни недели. Я чувствую беспокойство, у меня не хватает терпения с детьми, я несколько раз режу ножом пальцы во время приготовления закуски, пережариваю мясо.

В отсутствие моего мужа дом похож на пианино с включенным модератором: звуки приглушаются, наша семейная жизнь становится менее интересной и насыщенной. Как будто кто-то накрыл нас огромной крышкой.

Зажигаю свет сначала на крыльце, затем на кухне и в гостиной. С улицы наш дом похож на сувенирный магазин, который светится в темноте. Когда мой муж вернется, его глазам должно открыться приятное зрелище.

Уложив детей спать, некоторое время смотрю телевизор, но вижу лишь женщин, которые, как и я, находятся в ожидании. Они едят йогурты, водят машины, орошают себя духами, однако я улавливаю то, что происходит за кадром: все эти женщины ждут мужчин. Они улыбаются, выглядят активными и занятыми, тогда как на самом деле изнывают от скуки. Интересно, я единственная, кто заметил этот вселенский зал ожидания?

Пора. Мой муж вот-вот вернется домой. Просматриваю содержимое книжного шкафа в поисках какого-нибудь романа, чтобы выглядеть подобающим образом. Мне не хочется, чтобы он застал меня ожидающей его перед телевизором. Маргерит Дюрас идеально подходит для сегодняшнего вечера.

Впервые я прочитала «Любовника» в пятнадцать с половиной лет. От книги у меня в памяти осталось несколько образов: влага, пот, флюиды, жалюзи, Меконг, девушка моего возраста, с которой я себя совершенно не отождествляла (она казалась мне слишком отрешенной и негативно настроенной). Кроме того, как в пятнадцать, так и в сорок лет я не усматривала ничего особо привлекательного в сексе без любви. Но мне запомнилась одна фраза, которая заканчивается так: «Я всю жизнь лишь ждала перед закрытой дверью». У меня было странное чувство, что я ее где-то уже читала. Сначала я подчеркнула ее простым карандашом (я никогда не делала записей на страницах книг, считая это чем-то неподобающим). Однако мне этого оказалось недостаточно, и я переписала ее в блокнот. Когда мне было восемнадцать, я подумывала вытатуировать ее на лопатке.

Спустя годы я поняла, что эта фраза относилась не к прошлому, а к будущему. Она была не воспоминанием, а программой: «Я всю жизнь лишь ждала перед закрытой дверью».

Небрежно подогнув под себя ноги, сижу в ожидании моего мужа с открытой наугад книгой, — в которой не способна прочесть ни строчки, — и чашкой горячего чая. Верхний свет в гостиной слишком резок, поэтому зажигаю светильник и две свечи — и быстро возвращаюсь на диван. Оттуда видно отражение двери в большом зеркале в прихожей. Я поджидаю момент, когда дверная ручка наконец наклонится вниз.

До боли привычная картина — муж возвращается с работы. Мы столько раз переживаем эту сцену, что даже перестаем ее замечать. Мы обращаем внимание на другое: на то, что чем выше должность мужа, тем позднее он возвращается домой, на кулинарные промахи, которые не хочется совершить, на детей, которых нужно приструнить. Мы привыкаем, наши мысли заняты другими вещами. Но я по-прежнему каждый вечер готовлюсь к этому событию.

Двадцать один час двадцать минут. Измеряю пульс, приложив пальцы к запястью. Учащенное сердцебиение. Кровяное давление повышается, наступает состояние боевой готовности. Взгляд в зеркало: мои зрачки расширены. Я практически ощущаю, как адреналин разливается в моей амигдале; я чувствую, как эта маленькая миндалина почти пульсирует, распространяя свою химию стресса. Делаю несколько глубоких вдохов, чтобы искусственно замедлить биение сердца.

Двадцать один час тридцать минут. Мой муж не опаздывает. Свет фар, скользящий по фасаду дома, возвещает о его прибытии. На улице хлопнула дверца автомобиля (это первый настоящий сигнал возвращения). Со скрежетом открылся и закрылся почтовый ящик (второй сигнал). Наконец, слышится звук поворота его ключа в замочной скважине (последний сигнал, третий удар о пол театра перед поднятием занавеса). Три... два... один... Мои внутренние диалоги прекращаются. Остаются не поддающиеся контролю удары моего сердца.

Дверь дома открывается. Вечер может начаться.

Вторник

Пятнадцать лет назад, заметив, что мужчина, с которым я провела ночь, спит, как и я, с подложенными под голову руками, я задумалась, как расценивать это совпадение. Означает ли это, что у нас имеется общая черта характера, которая проявляется таким образом? Узнают ли друг друга люди, которые спят, согнув запястья под прямым углом? Говорят, что те, кто спит на спине, общительны, те, кто на животе, — сексуально неудовлетворены, а те, кто на боку, — доверчивы. Но ничего не сказано о тех, кто спит с согнутыми запястьями, — есть ли и у них свое сообщество? Спустя пятнадцать лет после той первой ночи я продолжаю задаваться вопросом, о какой общей черте характера свидетельствует наша с мужем поза во время сна?

Ранним утром солнечный луч устроился в его подмышечной ямке. Это похоже на картину, на которой в совершенстве передана игра света и тени. Караваджо не нашел бы лучшей модели, чем мой муж: его длинные черные ресницы сомкнуты, а между ключицами выступила испарина. Но больше всего меня всегда потрясало тепло, исходящее от его тела на рассвете. (На сколько может повыситься температура под пуховым одеялом? Иногда мне кажется, что после восьми часов, проведенных вдвоем под одеялами, микроклимат нашей постели составляет 50 градусов по Цельсию, но возможно ли это физически?) А еще его улыбка. По ночам мой муж будто готов взорваться от смеха, словно ему рассказали очень смешной анекдот между двумя сновидениями. Не думаю, что эта особенность присуща нам обоим, но в любом случае это хороший знак. Несчастный человек не может улыбаться во сне.

Я протягиваю руку, но так и не решаюсь коснуться его волос. На подушке виднеется тонкая дорожка из перхоти, похожая на выпавший первый снег. Я часто умиляюсь, обнаружив эти снежинки в нашей постели или на воротнике рубашки. Наверное, со мной что-то не так, если меня трогает вид перхоти моего мужа. Но я полагаю, что любовь питается следами, оставленными на одежде или простыне, и что все влюбленные женщины мира приходят от них в трепет.

Мой муж продолжает спать до тех пор, пока не зазвонит будильник, даже несмотря на то что я давно открыла ставни в спальне. Хотя на протяжении многих лет он утверждает, что может спать только в полной темноте. Мне, напротив, всегда нравилось спать с открытыми ставнями. Ночная мгла вызывает у меня скорее тревогу, нежели расслабленность. Но мои предпочтения отступают перед потребностью в темноте моего мужа. Поэтому, когда я стала делить с ним постель, эта уступка произошла совершенно естественно. По большому счету пустяк. Но этим утром я вынуждена констатировать, что муж мне лжет: он явно может без проблем спать при свете.

Едва проснувшись, мой муж придвигается ко мне, но я успеваю вовремя перевернуться на другой бок, чтобы увильнуть от его рук. Таково правило: я не должна уступать. Вчера вечером он заснул, не пожелав мне спокойной ночи, поэтому у меня нет причин одаривать его своими ласками при пробуждении. Я не собираюсь давать слабину. Тем более во вторник.

Вторник — воинственный день. Не стоит искать сложных объяснений: его цвет — черный, а латинское происхождение этого слова указывает на то, что это день Марса — бога войны. Взятие Бастилии произошло во вторник. Одиннадцатое сентября в 2001 году тоже выпало на вторник. Вторник — опасный день. Меня это особенно беспокоит, поскольку сегодня вечером мы приглашены на ужин, на который мне совершенно не хочется идти. Кроме того, всем известно, что светские рауты редко заканчиваются мирно.

Этим утром мой муж последним принимал душ — я сразу же поняла это, когда из термостатического смесителя полилась теплая вода. Я люблю более горячий душ, но с удовольствием моюсь водой на несколько градусов холоднее, температуру которой выбрала не я, а он.

Когда я оборачиваюсь в полотенце, по моему телу пробегает дрожь из-за сквозняка. Наношу масло на волосы, крем на ноги и каплю духов в ложбинку на шее. При соприкосновении с моей кожей завораживающее благоухание превращается в легкий цветочный аромат. Я купила эти духи после того, как на вечеринке ощутила шлейф от них на другой женщине. Несмотря на запах сигарет и вина, носившийся в воздухе, этот околдовывающий и необычайно чувственный аромат тотчас напомнил мне мощное любовное зелье. Я проскользнула в ванную комнату хозяйки дома, чтобы узнать название этого опасного эликсира, и сфотографировала незнакомый граненый флакон (дорогостоящее изделие частного парфюмера). К несчастью, после нескольких нажатий на пульверизатор вскрылась страшная правда: на моей коже этот аромат полностью утрачивает свою скандальность. Я так и не смогла избавиться от исходящего от меня успокаивающего запаха чистоты. Муж уже много лет называет меня «милая», а мне хотелось бы казаться роковой женщиной.

С первого этажа доносится запах кофе и горячего шоколада. В кухне мой муж выжимает сок из апельсина. Из радио слышатся голоса журналистов, сменяющих друг друга в студии. Я пью первую чашку кофе во время обзора печати — все идет по плану.

Дети присоединяются к нам за завтраком. Мои сын и дочь всегда появляются одновременно. Может, они договариваются, прежде чем спуститься вниз? И так же, непременно вместе, они идут после еды делать уроки или играть. Между ними разница два года — семь и девять лет, — но они похожи на близнецов: все делают сообща. Друзья и родственники с завистью говорят нам: «*Вам повезло*, что ваши дети так хорошо ладят, мои друг с другом почти не разговаривают». На самом деле наши дети не просто дружны — они склонны к слиянию (возможно, эту черту характера я невольно передала им по наследству?).

Как и каждое утро, мой муж делает себе два тоста с клубничным джемом. Ничего другого он не ест. Он на дух не переносит инжирный, ежевичный и вишневый джем — даже джем из лесных ягод не снискал его милость. Его непреклонность в этом вопросе меня неизменно удивляет, потому что он не любит клубнику, считая ее слишком кислой. Эта яркая и сочная ягода ему нравится только измельченной, доведенной до кашеобразного состояния и приправленной тонной сахара.

У каждого свои заморочки. В моем случае это мобильный телефон, с которым я не расстаюсь. Я сто раз обещала себе покончить с привычкой класть его на стол во время еды. Знаю, что это вредно для здоровья, но ничего не могу с собой поделать. К счастью, до сего дня мой муж ни разу не обратил на это внимания.

Перед выходом из дома он пожелал мне хорошего дня и подарил легкий поцелуй в губы. Но в моем восприятии это едва ли можно назвать поцелуем.

Из окна кабинета я наблюдаю за тем, как по улице туда-сюда снуют прохожие и машины. В нашем пригороде машины уезжают и возвращаются с регулярностью приливов и отливов: волна отъездов приходится на восемь часов утра, обратная волна — на 20 часов 30 минут (так же, как на море, полный приливно-отливной цикл длится 12 часов 25 минут). Я одна из немногих, кто не подчиняется ему, поскольку работаю в лицее на полставки и занимаюсь переводами дома.

Мы живем в получасе езды от центра города среди домов постройки 1930-х годов и ухоженных садов, скрытых от посторонних глаз, — так и представляешь за высокими воротами фруктовые деревья и качели. В детстве это было для меня недостижимой мечтой, к которой я прикасалась по средам, когда из своей многоэтажки уходила играть с подружками, жившими в частных особняках.

Сейчас я живу в самом красивом доме квартала. Объективно говоря, его фасад привлекает всеобщее внимание, а растущие вокруг фруктовые деревья приносят больше плодов, чем соседские (я прочитала в журнале о дизайне интерьеров, что именно деревья придают месту особый шарм). Мне нравится каменная кладка нашего дома, его ставни зеленого цвета, — который, как считается, сулит удачу, — а также почтовый ящик, цветочная аллея и плетистая роза, обрамляющая крыльцо (в том же журнале было написано, что одних этих белых цветов достаточно, чтобы наполнить благоуханием весь сад).

Внутри дома мне нравится поскрипывающий местами паркет, скрипучая лестница, наша с мужем спальня и ванная комната на втором этаже, детские и мой кабинет на третьем: идеальная планировка.

Но моей любимой комнатой, конечно же, является прихожая. Каждый вечер здесь разыгрывается торжественная церемония возвращения с работы: мой муж открывает дверь, кладет почту (которую он всегда сам забирает), протягивает мне багет, кладет свои ключи, целует меня в лоб или в щеку (иногда в губы). Для этой важной сцены необходима была очень красивая обстановка. Вот почему я тщательно продумала это пространство: зеркало в резной раме, купленное за баснословные деньги, красивая керамическая тарелка для ключей, наши семейные фотографии в рамках, развешанные друг над другом. Возвращаясь домой, мой муж первым делом видит именно это помещение, поэтому, естественно, прихожей следовало уделить особое внимание. В противном случае я сама была бы виновата, если однажды мой муж не захотел бы вернуться домой.

Прихожая ведет в другие помещения, расположенные на первом этаже: в узкую гостиную и кухню, совсем крошечную, но зато с видом на сад. Я не любитель чересчур открытых пространств, действующих на меня угнетающе: мне уютнее в компактных помещениях, мебель для которых была изготовлена по моему заказу. Я сохранила нетронутыми мраморный камин в стиле ар-деко и замысловатые гирлянды из лепнины на потолке. Лежа на диване, я часто смотрю на них и размышляю о том, что, возможно, их сделал кто-то из моих родственников; несколько лет назад я узнала, что мои дед и прадед, которые были ремесленниками, специализировались на изготовлении лепнины.

Мы переехали в этот дом за несколько месяцев до того, как я начала работать переводчиком. Коллега по лицею предложил мне выполнить вместо него перевод текста, который он не мог закончить вовремя, — научно-популярной книги о коперниковской революции. Подобная деятельность была мне в новинку, я довольно плохо знала этот исторический период, но все же согласилась. С тех пор этот издатель постоянно поручал мне переводить разного рода литературу: рассказы, сборник стихов, детектив, получивший определенный резонанс, книги по истории науки.

Некоторое время назад я взялась за первый роман молодой успешной писательницы из Ирландии. Он не очень сложен для перевода, но должна признаться, что до сих пор не могу совладать с его названием: *Waiting for the day to come*... «Ожидая наступления дня»? «В ожидании грядущего дня»? Это название не дает мне покоя. Мне не удается ни воссоздать его поэтичность, ни передать его точный смысл. Героиня ожидает прихода новой эпохи, изменения ментальности. И в сущности, она ожидает начала нового дня. Ей нужно пережить ночь и продержаться до рассвета. К ней придет спасение лишь с первыми лучами солнца. Кроме того, я не могу передать нетерпение, даже фатальность. Из текста ясно следует, что день скоро займется. *Waiting for the day to come*... И потом, как быть с многоточием?

Остальная часть романа не представляет серьезных трудностей. Я действую как обычно. Для начала я уяснила для себя особенности мышления автора. Установила ее любимые выражения, ее излюбленную манеру начинать предложения, повторения, к которым она то и дело прибегает, предпочитаемые ею обороты речи. Я проникла в ее голову, постигла ход ее мыслей, а затем, на основании этого, выявила общую структуру произведения.

После нескольких месяцев работы я наконец могу сказать, что переняла ее мимику и голос.

Именно на данном этапе я могу наслаждаться всеми тонкостями этого довольно простого, но очень эмоционального языка. Английский безыскусен: в нем нет ни склонений, которые нужно запоминать, ни прилагательных, которые нужно согласовывать с существительными. Тем не менее это выразительный, строптивый и изменчивый язык: у него незамысловатая грамматика, но ласкающие слух выражения и неподражаемый акцент. Вы можете устранить синтаксические ошибки, пополнить свой словарный запас, освоить слова-паразиты, но английский все равно будет на шаг впереди вас. Иногда я задаюсь вопросом, почему не выбрала более логичный и предсказуемый язык, например немецкий, — английский вынуждает меня отказываться от тотального контроля, что меня иногда раздражает и часто расстраивает; но, возможно, именно поэтому мне никогда не бывает скучно.

Меня уже спрашивали, не вызвала ли у меня желание работа переводчиком попробовать себя в качестве писателя? Ответ всегда один и тот же: я не чувствую себя таковым. Когда я перевожу, я лишь выступаю в роли интерпретатора, и такое положение вещей меня вполне устраивает. Мне не нужно ничего придумывать — это хорошо, потому что у меня слабое воображение. Я предпочитаю наблюдать, анализировать, делать выводы; скрупулезно разбирать текст, находить в нем намеки, выявлять имплицитный смысл — быть настороже, словно следователь, ищущий скрытые улики. Кроме того, я часто вспоминаю фразу Маргерит Дюрас: «Я думала, что пишу, но не писала». В продолжении моей любимой цитаты всегда содержалось предупреждение: осторожно, не забывай — ты переводишь, а не пишешь.

Запах газонной травы, умытой ливнем, поднимается до моих окон. Мне бы хотелось, чтобы дождь никогда не прекращался. Муж в офисе, дети в школе, я могу спокойно продолжать работать. Когда мой муж находится дома, я теряю всякую способность к концентрации. Вздрагиваю от малейшего шума на лестнице. Заслышав его приближение, снимаю очки и выключаю компьютер. Пусть лучше мой муж застанет меня погруженной в чтение толстого учебника по лингвистике или поглощенной переводом малоизвестного стихотворения Байрона, нежели заполняющей табели успеваемости моих учеников на сайте лицея. Из соображений предосторожности я всегда держу поблизости авторучку на случай, если мой муж внезапно войдет в комнату, когда я работаю: он обожает смотреть, как я пишу от руки.

Он всегда восхищался тщательностью, с которой я записывала слова, необходимые для моих переводов, в небольшие тематические блокноты. У меня их около десяти. Красный блокнот — для терминов, относящихся к политике и общественным дискуссиям, или синий — для природы (он самый исписанный из всех), в частности, в нем содержатся названия вьющихся растений английских садов и различных видов дубов. Блокноты сложены на полке над моим рабочим столом, но сегодня я заметила, что один из них исчез. Я повсюду ищу желтый блокнот, содержащий совокупность терминов из области медицины и истории науки, но пока безрезультатно.

У меня также есть блокнот с любовной лексикой со словами, обозначающими встречу, влюбленную пару, расставание и все вариации любви. Некоторые регулярно повторяющиеся выражения очерчивают любовное пространство английского языка — и, косвенно, любовное пространство ирландской романистки (трудно проверить, но мне кажется, она опустошена из-за нелепого расставания со своей первой любовью — ошибки, последствия которой, по ее мнению, она должна искупать всю оставшуюся жизнь). Например, в книге повсеместно встречается выражение *let you go*. Его произносят все персонажи в самых разнообразных ситуациях: *I shouldn't have let you go; I will never let you go; Don't let me go* и т. п. Зачастую оно сопряжено с сожалением: мне не следовало позволять тебе уйти, я должен(-на) был(-а) удержать тебя. Мы думаем, что нас оставляют по нашей вине, что мы могли предотвратить разрыв. Мы полагаем, что могли бы что-то предпринять для сохранения желания быть вместе. Выражение *let you go* занятное, в нем даже есть что-то обнадеживающее. Это вымысел, в который я тоже хотела бы верить.

Погрузившись в перевод, я задумалась, свидетельствует ли это трудно переводимое на иностранный язык выражение о том, что англоязычные люди любят иначе, чем мы. Прилагают ли они больше усилий? Считают ли они, что любовь можно продлить, а угасающее желание — возродить? Что они для этого делают? С помощью какой нежной песни, какой новой одежды, какого умопомрачительного аромата, какого путешествия в другую часть света им удается удержать того, кто собирается уйти?

Будет ли когда-нибудь выражение *let you go* иметь отношение к моему браку? Как нам оградить себя от этой английской напасти? Я не удивлена, что, даже сосредоточившись на переводе, думаю о моем муже на каждой странице. Все книги, которые я читаю, рассказывают о нем. Работая над первым в моей жизни переводом — книгой о коперниковской революции (в годы Коперника разразился скандал: мы не центр Вселенной, Земля, затерянная в бесконечном пространстве, вращается вокруг Солнца), я постоянно сопоставляла это научное открытие с моей личной жизнью. Я в волнении твердила себе, что крах всех ориентиров мышления, всего, что испокон веков принималось за истину, — это именно то, что я почувствовала бы, если бы мне пришлось остаться без моего мужа. Так что, хотя бы я и выбирала истории, произошедшие в давние времена или в отдаленных галактиках, мне бы все равно напоминало о нем описание, любовная сцена, слово. Любая книга — будь она о садоводстве или о Древнем Египте, — запросто может повествовать о моем муже.

Достаю из книжного шкафа самый толстый роман. Между его страниц вложено письмо, которое я кладу на рабочий стол. Конверт не был открыт, я проверяю его сохранность каждый вторник. В последние месяцы я прятала его поочередно в ящике комода, обувной коробке, в плетеной корзине под моим ночным столиком, но муж так и не нашел его. Дождь прекратился, он тоже покидает меня. Заварив себе чай, устраиваюсь в кресле в гостиной — освещение там в это время суток идеально для чтения. Открываю «Любовника», которого нарочно оставила на виду на журнальном столе. Может, теперь мой муж обратит на него внимание? Заметит подсказки, которые я оставляю на его пути? Вчера вечером я была не способна прочитать ни строчки, но на сей раз роман настолько увлек меня, что незаметно прошел полдень, а за ним — и последующие часы.

Мне пора выходить. Я снова даю Зои указания, которые она и так знает. Она не в первый раз присматривает за детьми: никакого телевизора, никаких капризов, обязательное получасовое чтение перед сном. Как обычно, мы вернемся домой раньше половины первого ночи (няня, ожидающая нас дома, часто служит мне предлогом, чтобы улизнуть с ужина, на котором мне не хочется оставаться, — сегодня вечером, возможно, будет то же самое). Когда пришла пора уходить, я не удержалась и спросила ее:

— Зои, скажите честно, этот светильник никуда не годится?

Она молча смотрит на меня. Не знаю, то ли она боится меня обидеть, то ли у нее нет своего мнения на этот счет (мне самой потребовались годы, чтобы развить хороший вкус к предметам домашней обстановки).

Перемещаю светильник вокруг дивана, затем пытаюсь повернуть его в другую сторону, поминутно спрашивая у Зои, не вписывается ли он таким образом лучше в интерьер.

Светильник современный и красивый, но чересчур яркий, он светит так же сильно, как софит на съемочной площадке. И я решительно ничего не могу с ним поделать; с подобным освещением невозможно создать интимную и уютную атмосферу. В конце концов я предлагаю Зои взять его себе. Она тихо отвечает, что светильник ей нравится, но она не сможет найти ему место в своей квартирке.

Как же от него избавиться? Погруженная в раздумья, я вспомнила, что не поцеловала детей перед уходом. Сказала им несколько слов на лестнице, прежде чем закрыть дверь, попросила их вести себя прилично и слушаться Зои, но забыла обнять их. Пытаюсь убедить себя, что все в порядке. Не стоит драматизировать. Но как поступают другие матери? Забывают ли они иногда поцеловать детей в щеки на прощание? В каком возрасте прекращаются нежности перед каждым расставанием? Моим детям семь и девять лет. Означает ли это, что они уже могут обходиться без моих объятий? Интересно, не подумает ли Зои, что я плохая мать?

Подруги часто спрашивают меня, где я делаю прическу, но мне хочется сохранить в тайне адрес салона. Я случайно наткнулась на него в то время, когда меняла парикмахеров при каждой стрижке. Тогда же у меня появилась дурная привычка представлять себя той или иной выдающейся личностью во время окрашивания волос или ногтей, чтобы раз в месяц уходить от повседневной жизни без последствий и с минимальными затратами. В тот раз я сказала, что меня зовут Грейс. Выбрала мою любимую хичкоковскую блондинку Грейс Келли: холодную, но чувственную, утонченную, но неукротимую. Мой выбор был не совсем случайным, поскольку несколькими годами ранее я написала курсовую работу, посвященную этому цвету волос и его роли в фильмах знаменитого режиссера. Итак, той зимой я вошла в салон с твердым намерением превратиться на несколько часов в Грейс Келли. Глупо, но забавно. Я объяснила мастеру, что недавно вышла замуж после молниеносного развода. Что мой повторный брак был вызван любовной страстью к моей подростковой любви — американскому фотографу, который пропал из виду на долгие годы и с которым я неожиданно встретилась на выставке в художественной галерее. Приблизилась к одному из висевших на стене портретов, который притянул меня, словно магнит, и увидела его имя на маленькой табличке под рамой. Поняв, что это мой бывший любовник, я обернулась и увидела, что он стоит позади меня.

Мне было стыдно за эту выдумку, но я не думала, что еще когда-либо вернусь в этот салон красоты. Однако так получилось, что в этом салоне мне сделали самый красивый цвет волос, который у меня когда-либо был. В последующие недели меня осыпали комплиментами по поводу одновременно холодного и чувственного блонда — и хотя я продолжала утверждать, что это мой естественный цвет, мне пришлось признаться близким людям, что время от времени я делаю мелирование в стиле балаяж. Я пробовала и другие салоны, но нигде не удавалось добиться такого же цвета. Возможно, лишь Грейс смогла вдохновить моего парикмахера-колориста на создание рокового ледяного блонда (хотя, по ее признанию, она плохо разбиралась в хичкоковском кино). Так что у меня не было другого выбора, кроме как вернуться туда. С тех пор раз в месяц я становлюсь Грейс, чтобы поддерживать мой блонд и всегда иметь безупречные ногти. В салоне я рассказываю о наших романтических путешествиях со вторым мужем, о его недавних выставках в Нью-Йорке. А также о том, что иногда грущу из-за того, что не могу иметь детей.

Сегодня я попросила сделать немного более теплый цвет, чем обычно, — хочу немного осветлиться к лету. Но главное — никаких чересчур резких изменений. Чтобы мой муж ничего не заметил, а ненатуральный блонд зачастую смотрится вульгарно. Длина волос останется прежней (я никогда не срезаю больше, чем необходимо), поскольку моему мужу нравятся длинные волосы. Он не приемлет промежуточное состояние как в жизни, так и в отношении моих волос. В салоне я купила несколько дорогих средств по уходу за волосами, которые спрячу на верху гардеробной, где хранятся другие осветляющие спреи с экстрактом ромашки. Наконец, выбираю бледно-розовый цвет для маникюра (менее изысканный, чем ярко-красный, но я видела несколько мам на выходе из школы и в теннисном клубе с таким цветом ногтей).

Когда я выхожу из салона, у моего мужа только что закончился рабочий день, поэтому мы решили встретиться прямо у наших друзей — семейной пары. Николя и Луиза три месяца назад стали счастливыми родителями девочки, которую мы наконец впервые увидим.

Я зашла в небольшой магазин в центре города, чтобы купить подарок на рождение ребенка. Мой выбор пал на игрушку-пижамницу в виде мягкого плюшевого кита. В детстве у меня был почти такой же — я складывала в него свои сокровища. И потом, тайник — разве не лучший подарок? Я также захватила с собой иллюстрированную приключенческую книгу для детей, которую откопала в магазине англоязычной литературы в прошлые выходные: пейзажи со всего мира, заснеженные горы и бескрайние моря, каноэ, сплавляющееся по бушующей горной реке, воздушный шар, летящий над песчаной пустыней. Идеальный подарок для маленькой девочки.

Напоследок я заглянула к флористу. Разумеется, перед этим я навела кое-какие справки. Набрав в поисковой системе: «Какой букет подарить на рождение ребенка?», я узнала, что следовало отдать предпочтение белым цветам, например пионам или розам. Попыталась выяснить, какие из них смотрятся роскошнее (я подозревала, что розы немного банальны и не так изысканны, как пионы), но не смогла найти однозначного ответа на свой вопрос.

Я не люблю советоваться с флористом. Я не желаю показывать, что ничего не смыслю в цветах, не могу отличить фиалку от анютиных глазок, не способна распознать нарцисс, ирис или гиацинт, если бы меня об этом попросили. Поэтому предпочитаю все выяснять заранее. Женщины должны разбираться в подобных вещах. Луиза никогда бы не стала просить совета по выбору букета. Она бы прохаживалась с улыбкой на губах, время от времени останавливаясь, чтобы понюхать тот или иной цветок, а затем повернулась бы к продавщице и произнесла звонким голосом: «У вас замечательный магазин». В какой-то момент она бы резко остановилась, одновременно удивленная и восхищенная: «О, у вас снова появилась жимолость! Этот аромат напоминает мне о детстве! Я возьму несколько веточек и, может быть, две или три розы!» Но я не росла в доме, где букеты жимолости наполняли благоуханием гостиную. Поэтому стараюсь быть краткой. Секрет в том, чтобы не задавать никаких вопросов. Я не спрашиваю ни о том, как часто нужно менять воду, ни о том, нужно ли подрезать стебли, придя домой.

Мои наманикюренные пальцы, блестящие волосы и кольцо с бриллиантом внушительных размеров на безымянном пальце, наконец, придают мне достаточно смелости, чтобы обратиться к продавщице. Для пущей важности я даже вскользь замечаю, что спешу (неправда). Вначале в нерешительности смотрю на лилии, затем прошу букет пионов. Последние мне очень нравятся, но я не знаю их значения: они, конечно, белые, но что, если с их помощью выражают соболезнование? С розовыми пионами, в соответствии с рекомендациями на сайте, который я на днях посетила, дело обстоит куда надежнее.

Флористка составляет букет у меня на глазах, комментируя вслух:

— Сейчас, в разгар свадебного сезона, пионы пользуются большим спросом! Из них получаются такие красивые букеты. Это поистине одни из моих самых любимых цветов, — добавляет она с сосредоточенным выражением лица между двумя ловкими взмахами ножниц.

Я остолбенела.

— Это не для свадьбы... Это для подруги, у которой недавно родился ребенок... — бормочу со слезами на глазах.

Я выбрала не те цветы. Должно быть, перепутала пионы с маргаритками.

Флористка подняла на меня большие зеленые глаза и впервые доброжелательно мне улыбнулась.

— Пионы тоже станут отличным подарком к рождению ребенка. Их дарят по случаю радостных событий, ваша подруга будет наверняка довольна! Не беспокойтесь.

Я чувствую себя униженной и спешу расплатиться. Когда букет оказался в моих руках, я внезапно поняла, что он чересчур большой. Похож на букет невесты в пышном свадебном платье. В нем нет ничего от элегантности Луизы. Теперь мне ясно, что слишком громоздким букетам не хватает утонченности, поэтому я подумываю, не выбросить ли в урну несколько цветков, чтобы прибыть к Луизе с более нежным и менее вычурным букетом. Но, повернув за угол, я вижу, что мой муж уже ждет меня перед домом наших друзей.

— Ты что-то сделала с волосами? — спросил он, быстро поцеловав меня. (Когда он решится поцеловать меня по-настоящему? Поцелуй влюбленного мужчины не может длиться менее двух секунд.)

Я уклоняюсь от ответа, но он не отступается:

— У тебя великолепное платье, оно новое? Милая, ты выглядишь потрясающе.

Почувствовав неловкость, я пытаюсь сменить тему разговора, ища при этом фамилию наших друзей на домофоне.

Войдя в их квартиру, мы обнаруживаем в ней непривычный легкий беспорядок. Малышка Виолетта спит в колыбели. Нас с мужем встречают двое новоиспеченных родителей, одновременно усталых и радостных.

Николя и Луиза живут в просторной квартире, которую мы никогда не смогли бы себе позволить. Мой муж очень завидует другу детства, я — нет. Мне больше по душе наш дом. Я предпочитаю нашу жизнь. У Николя было множество романов и подружек до встречи с Луизой, он впервые женился в прошлом году, получает большую зарплату благодаря высокой должности в сфере финансов, часто путешествует в дальние страны, посещает спектакли модных режиссеров, ужинает в новых ресторанах, о которых мы никогда не слышали. Одним словом, Николя независим, и это проявляется в следующем: он живет в современной двухэтажной квартире в самом центре города, а мой муж — в буржуазном особняке на окраине, из-за чего всегда будет немного сердиться на меня.

Хозяйка дома благодарит меня за цветы. Я хожу вслед за ней по квартире, пока она ищет вазу. Первая попавшаяся ей под руку — слишком маленькая. Я стыдливо извиняюсь. Она смеется и снова благодарит меня за «этот чудесный букет», но мне слышится нотка иронии в ее голосе. Наконец она ставит пионы на буфет в гостиной. В современном минималистичном интерьере огромный букет в пастельных тонах смотрится нелепо.

Луиза великолепна в длинном черном платье, и я не могу не отметить, что этот цвет и крой ей очень идут. Я рассердилась на себя в тот самый момент, когда произнесла эти слова вслух. Уже много лет я пытаюсь искоренить этот недостаток — систематически комментировать ожерелье, наряд, губную помаду или духи, которые мне нравятся (мне следует просто ненавязчиво поинтересоваться, откуда они, и позже купить такие же). Я всегда чрезмерно восхищалась женщинами из моего окружения и позволяла им это почувствовать, тем самым подспудно ставя себя в более низкое положение по сравнению с ними. Мне нужно научиться не делать этого. Реже это делать. Луиза благодарит меня, но не отвечает тем же. В буржуазных кругах нечасто делают друг другу комплименты.

Я успокаиваю себя, методично перебирая в уме причины, почему не должна беспокоиться: безупречный маникюр, идеальная прическа и элегантное платье. Я точно это знаю, потому что покупаю только ту одежду, которую видела на женщинах с безукоризненным стилем или в бутиках, внушающих доверие. Новое платье, которое на мне сегодня вечером, не является исключением: черно-белое, шелковое, нарочито простое и скромное, отменного кроя, замеченное в этом сезоне на одной из коктейльных вечеринок. Я предпочитаю не рисковать в плане одежды и не моргнув глазом плачу за нее столько, сколько требуется.

Делаю глубокие вдохи и слегка постукиваю двумя пальцами по тыльной стороне запястья, чтобы обрести спокойствие и снизить частоту пульса (этому приему меня научил софролог), при этом повторяю про себя успокаивающие фразы: *Мои комплексы не отражаются на моем лице. Мое представление о себе не совпадает с мнением окружающих. Все в порядке, я на своем месте.*

И потом, я красива. В этом я никогда не сомневалась. Я объективно красивее Луизы. Я с легкостью могу перечислить ее недостатки: я выше и стройнее ее, у меня более тонкие черты лица. Когда Луиза грациозно ходит в легком развевающемся платье по своей огромной, сверкающей чистотой квартире, она может показаться красивой. Но при ближайшем и внимательном рассмотрении достаточно быстро обнаруживается, что у нее не такое уж миловидное лицо (особенно нос) и несколько лишних килограммов (так было и раньше, а беременность не пошла ей на пользу). Если бы на ней было менее изысканное платье, если бы она жила в квартире с сомнительным интерьером на окраине города, от ее мнимой красоты не осталось бы и следа. Луиза не очень красива: она платит за то, чтобы быть привлекательной.

Это не мой случай. Мои родители по крайней мере удосужились передать мне хорошие гены, за неимением ничего другого. Окружающие с детства хвалят мою внешность. Когда, будучи подростком, я шла по торговому центру в моем рабочем районе, без макияжа, в джинсах и старых кроссовках, люди оборачивались мне вслед. Кажется, уже тогда во мне было нечто от Николь Кидман — мне часто говорили, что мы похожи глазами. И сдержанной манерой держаться, я полагаю.

Благодаря моему мужу я довела себя до совершенства. Перейдя в другой социальный класс, я обрела утонченность, о которой мечтала. Йога и теннис помогают мне поддерживать точеную фигуру. Я научилась элегантности (которая в конечном счете основывается на трех простых составляющих: дорогое пальто, дорогая сумка и дорогая обувь; главное, хорошо усвоить эти три кита, остальное — дело техники). Теперь я знаю, что дамскую сумочку на летней веранде кафе нужно класть не на пол, а на колени или на соседний стул; я сдаю в химчистку одежду из деликатных тканей; я обновляю обувь каждый сезон; я запомнила правила сдержанного, но изысканного макияжа (нужно наносить его так, чтобы он не был слишком заметен — ограничиваться помадой карминового или бордового цвета). Я делаю маникюр в салоне. И каждый месяц хожу к парикмахеру, чтобы не были видны отросшие корни волос. Еще один секрет? Безупречные прически женщин, столь восхищавших меня, объяснялись вовсе не чудом, наследственностью или классовой привилегией, но являлись прямым результатом ежедневной укладки волос, для которой требуются лишь две вещи: профессиональный фен и подходящая расческа. Короче говоря, именно так я стала одной из тех женщин, которые никогда не носят колготы с затяжками, а также научилась сочетать мою внешность с купленным нами домом в буржуазном стиле.

— За здоровье Виолетты!

Когда мы чокнулись шампанским, мой муж, обращаясь к Николя и Луизе, произнес (заговорщицким тоном): «Добро пожаловать в настоящую жизнь!» Я не знаю, как истолковать его слова. Что мой муж под этим подразумевает? Что в его понимании означает настоящая жизнь? Мы беседуем об их новом статусе молодых сорокалетних родителей, подгузниках и бутылочках для кормления. С бокалом в руке мой муж рассказывает о периоде, когда наш сын еще не спал по ночам, плакал часами напролет, не давая нам уснуть и заставляя чувствовать себя беспомощными. Он успокаивает Николя, повторяя, что дети растут, что недосыпание, слезы и крики не длятся вечно. Может, именно это мой муж имел в виду, когда торжественно объявил друзьям, что для них начинается «настоящая жизнь»? Является ли это для него синонимом скучной и чересчур обременительной жизни? Считает ли он, что жить «настоящей жизнью» — значит отбросить мечты и отказаться от свободы?

Возможно, у моего мужа остались болезненные воспоминания о месяцах, последовавших за рождением нашего сына. А я до сих пор с волнением вспоминаю, как мой муж осторожно укачивал его, держа крошечное тельце в своих огромных руках, как мы испытывали облегчение, когда малыш наконец засыпал, как мы обменивались нервными, понимающими смешками на следующее утро, хотя нам удалось поспать всего несколько часов. Эти воспоминания, связанные с моим мужем, тем более ценны для меня, поскольку в то время мы втроем жили практически в изоляции от внешнего мира. К счастью, мы не могли ни принимать гостей, ни выходить из дома, поскольку у нашего сына, родившегося недоношенным, была слабая иммунная система. Настоящее благословение для нашей пары.

Перед ужином Николя и Луиза показывают нам первые фотографии Виолетты, аккуратно вклеенные в альбом и сопровожденные красивыми подписями с датами внизу каждой страницы, чтобы запечатлеть памятные моменты. Как и Луиза, я тоже начала составлять альбом, когда познакомилась с будущим мужем. Записывала перьевой ручкой места и годы. Фотографии из путешествий и фотографии друзей перемешаны в нем с его фотографиями. Моя жизнь стала достойна архивирования, как только он в ней появился.

— Я решительно не понимаю, как можно отказаться кормить грудью своего ребенка! Что за глупость такая! — произнесла Луиза, перед тем как сесть за стол.

Прямолинейность — главная черта ее характера. Несмотря на то что я привыкла к ее резкости, она все равно меня поражает. Луиза говорит вещи, которые, если вложить их в уста другого человека, могли бы ранить. Однако присущая ей искренняя доброжелательность делает ее слова безобидными, а улыбка смягчает сказанное. Я не захотела кормить грудью моих детей, и Луиза это знает. Тем не менее она считает, что это не имеет никакого значения и, следовательно, у меня нет никаких оснований обижаться на нее: она всего лишь высказывает свое мнение. Помню, однажды, когда я была в зеленом платье, она сказала: «До чего же я ненавижу зеленый цвет! Он напоминает мне о моей матери!», не видя в этом ни малейшей проблемы.

Луиза взбалмошная, шумная и да, прямолинейная; тогда как Николя неизменно элегантен, сдержан и внимателен (этим вечером они в полной мере проявляют свои качества). Николя из тех людей, которые прилагают усилия, чтобы сделать шаг в ваш внутренний мир. По вопросам, которые он задает, видно, что я ему интересна и что он иногда вспоминает обо мне в мое отсутствие. Он спрашивает меня, как продвигается моя работа с издателем, как проходят мои уроки, читала ли я сагу нью-йоркского романиста, о котором он недавно узнал, считаю ли я ее перевод удачным.

Николя настолько же немногословен, насколько Луиза общительна. Луиза настолько же бестактна и резка, насколько Николя предупредителен и заботлив. Она — солнце. Он умеряет ее пыл. Вместе они — две половинки одного целого, как две тщательно подогнанные металлические детали, идеально смазанная шестерня, в которой различия дополняют друг друга, делая движение возможным. Думаю, именно это иногда называют алхимией.

На столе быстро появляются блюда, хлеб и вино. Еда превосходная. Мне очень нравится этот ужин, хотя сама я терпеть не могу принимать гостей. Я каждый раз не знаю, что приготовить, мне требуются недели на раздумья. К счастью, вино выбирает мой муж, так как я на это совершенно не способна. Я могла бы купить самую дорогую бутылку в винном магазине — и все равно оплошать: вина за несколько сотен евро не подходят для дружеских пикников. Я всю жизнь боялась попасть в ловушку безвкусицы, поскольку давно поняла, что за деньги моего мужа не приобретешь ни элегантности, ни хороших манер.

Руки я всегда держу на виду (и никогда на коленях). Передаю все блюда слева направо. Жду, когда Луиза предложит мне добавку, и только после этого кладу себе еще рыбы. Я позволяю Николя наполнить мой бокал вином. Беру сыр только один раз. В конце ужина мои столовые приборы лежат параллельно друг другу на тарелке, салфетка — на столе, я проследила, чтобы она осталась расправленной. Эти правила я знаю назубок и следую им в течение пятнадцати лет. Мне даже удается соблюдать их с непринужденным видом, словно у меня все получается само собой.

Когда я познакомилась с родственниками моего мужа, я поняла, что есть определенные правила, которыми я не владею, при этом не будучи способной определить, какие именно. Однажды я стала свидетелем тревожной сцены. Старшая сестра моего мужа ни с того ни с сего принялась отчитывать своего десятилетнего сына. Лишь спустя время я поняла, что явилось тому причиной. Это было первое предупреждение, сделанное из-за слишком громкого смеха, за которым последовал выговор за положенные на стол локти. Затем прозвучала фраза, врезавшаяся мне в память: «Я куплю тебе пособие по этикету Надин де Ротшильд, если ты будешь продолжать в таком же духе!» Я подумала, что это была не более чем фигура речи, но обнаружила, что такое пособие и впрямь существует. Купила его спустя несколько недель, и передо мной открылся параллельный мир — мир, в котором блюда с едой всегда движутся слева направо, как стрелки часов.

Читая книгу, я поняла, что неловкость, которую я ощутила в доме родственников моего мужа, имела логическое объяснение — это была не иллюзия и не отсутствие уверенности в себе: я действительно совершила непростительные ошибки. При входе в дом я сняла обувь (думая, что поступаю правильно, ведь меня этому всегда учили родители); дважды брала шоколадные конфеты, когда мы пили кофе (на сей раз из жадности); я даже собрала оставшийся в тарелке соус кусочком хлеба, воспользовавшись руками, а не вилкой (хотя, как я узнала позднее, в идеале этого и вовсе не следует делать). Поэтому в новом блокноте я сделала заметки, упорядочив их по темам: ужины, подарки, поведение. Я пообещала себе выучить каждое из этих правил наизусть. Так что Надин де Ротшильд дала мне образование, которым я доселе не обладала.

Во время ужина Николя постоянно называл моего мужа прозвищем, которое придумал ему в детстве. Я обеспокоена тем, что с трудом могу соотнести это прозвище с личностью моего мужа. Мое волнение усилилось после того, как Николя рассказал одну деталь из его прошлого, о которой я не знала. Меня ошеломила мысль о том, что Николя был с ним знаком задолго до нашей встречи. И вообще, мне кажется странным и даже оскорбительным, что мой муж существовал до того, как познакомился со мной.

Когда Луиза и Николя заговорили о своем свадебном путешествии, мое тело напряглось. Я предпочитаю избегать разговоров на эту тему. Луиза пролистывает фотографии с пейзажами, которые не вызывают у меня особого интереса (получаем ли мы когда-нибудь удовольствие от просмотра отпускных фотографий других людей?), точнее, они воскрешают в моей памяти болезненное воспоминание, которое я предпочла бы забыть.

Дело в том, что мой муж ничего лучше не придумал, как заболеть во время нашего свадебного путешествия. «Как он мог со мной так поступить?» — я непрестанно задавала себе этот вопрос, глядя на его бледное лицо. Из-за гриппа он оказался прикованным к постели на неделю. Мой муж даже не удосужился заразиться тропической болезнью — местным заболеванием с впечатляющими симптомами, чем-то, что впоследствии превратилось бы в комичный или драматичный случай из жизни, которым можно было бы поделиться по возвращении. Всю неделю я в одиночестве бродила по коридорам отеля, пила коктейли в баре и флиртовала с женатым мужчиной. Мужу я сказала, что буду вместе с группой постояльцев отеля и гидом исследовать остров. В действительности я не была ни на одной из прогулок. Что может быть интересного в восьмичасовой экскурсии вокруг вулкана, если мой муж на ней отсутствует? Для чего бродить по берегу спокойного синего моря, если он не идет рядом со мной? Зачем оставаться на этом чересчур далеком и жарком острове, если я одна на всех фотографиях?

К следующему понедельнику мой муж был совершенно здоров. Все последующие дни мы гуляли по острову, который показался мне необыкновенно живописным. Я обнаружила там самые красивые пейзажи из всех, которые мне когда-либо доводилось видеть. Но даже сегодня, как только речь заходит о свадебном путешествии, я вновь чувствую жгучую обиду на моего мужа, который наполовину омрачил мне это волшебное событие. Идиллическое свадебное путешествие, возможно, дало бы мне необходимые силы пережить первые месяцы нашего брака.

Перед десертом мы вновь завели разговор о дне рождения моего мужа, имевшем место три месяца назад (наконец-то априори безопасная тема для разговора). Мы все согласились с тем, что праздник удался. Затем мой муж вспомнил забавный случай, который произошел в конце вечеринки, после того как Николя и Луиза уехали домой к своему младенцу: произошло замыкание, банкетный зал погрузился в тишину и мрак, гости встревоженно зашумели, из-за отключения электричества сработала охранная сигнализация.

— К счастью, с помощью фонариков на наших телефонах нам удалось быстро отыскать место, где находилась коробка сигнализации... И даже угадать код. Мы подумали, что это должно быть что-то простое... Так и оказалось: один, два, три, четыре!

Мой муж прекрасный рассказчик — это главная составляющая его харизмы: он так хорошо рассказывает истории, что легко представить, как подвыпившие гости удивились, когда раздалась сирена сигнализации, как мой муж отправился на поиски коробки сигнализации, как он угадал код, как он отважно, с юмором взял контроль над ситуацией. Николя и Луиза, улыбаясь, слушают его, я — нет. Мой муж ни разу не произнес моего имени. Я отсутствую в его рассказе, вычеркнута из него. Меня настораживает, что он использует неопределенные местоимения (в своей жизни я сделала достаточно текстовых комментариев, чтобы понять: это не случайно). Именно с помощью фонарика *моего* телефона мы нашли коробку сигнализации. Именно *я* предположила, что владельцы банкетного зала установили легкий для запоминания код. Именно *я* набрала 0000, а затем 1234. Почему он не упомянул обо мне?

В заключение мой муж поблагодарил Николя и Луизу за участие в подарке на день рождения. Кстати, в этот вечер на нем новые часы. Но он ни словом не обмолвился обо мне, тогда как я организовала вечеринку, разослала приглашения, арендовала банкетный зал, внесла залог, выбрала часы, сполоснула пятьдесят фужеров для шампанского в четыре часа утра.

Я слышу, как Николя и Луиза говорят *мы*. У них инклюзивная грамматика: если один из них является главным действующим лицом истории, другой обязательно присутствует в рассказе — его точка зрения встроена в повествование («Когда на следующий день я рассказал об этом Луизе, она очень удивилась!»). Я также наблюдаю за тем, как они сосуществуют в паре. С первого взгляда заметно равное распределение обязанностей, совместимость характеров, взаимная компенсация недостатков. У него успокаивающий голос, у нее раскатистый смех. Пока Николя убирал со стола, Луиза в последний раз разлила вино по бокалам. Вдвоем они создают безупречную хореографию, виртуозный любовный танец. Когда Луиза проследовала за Николя на кухню, он наклонился к ней и поцеловал в губы, положив ей руку на бедро. Для меня нет более захватывающего зрелища, чем случайно увиденный поцелуй.

В их гостиной можно с легкостью спрятать маленькую камеру. Достаточно остаться на мгновение в одиночестве, пока супруги отлучатся на кухню, а мой муж — в одну из комнат, чтобы позвонить по телефону. Я могла бы прикрепить крошечное видеоустройство, например, над их телевизором. Оттуда было бы прекрасно видно, что происходит на их диване.

Мне бы хотелось иметь возможность наблюдать за их действиями после ухода гостей. Я хотела бы знать, как они ведут себя друг с другом, когда наконец остаются наедине и могут отбросить всякий стыд. Мне хотелось бы смотреть на проявления их любви в повседневной жизни: знать, выглядят ли они такими же влюбленными, когда ребенок часто плачет, когда появляется усталость, когда наваливаются хлопоты или когда один из них заболевает.

Целуются ли они по вечерам на диване? Целуются ли они страстно или неохотно? Бывают ли и у них вечера без поцелуев с языком? Прикасаются ли они постоянно друг к другу или сидят поодаль, когда смотрят телевизор? Сколько времени каждый вечер они разговаривают друг с другом и о чем? Объясняются ли они друг другу в любви каждый день, каждую неделю или каждый месяц?

Наблюдение за ними позволило бы мне сравнить их любовь и нашу. Я смогла бы определить, часто или редко мы с мужем целуемся, оценить, насколько интересны и содержательны наши ежедневные разговоры. Располагая этими одновременно количественными и качественными данными, я могла бы таким образом установить, являются ли наши отношения нормальными или холодными.

Мы заканчивали ужин в сигаретном дыму и аромате красного вина. В продолжение вечера мы решили сыграть в игру. В какой-то момент нужно было ассоциировать каждого игрока с каким-нибудь фруктом, который затем должна была угадать его команда.

И тогда мой муж сравнил меня с мандарином. Я стараюсь не показать виду, насколько оскорблена. Интересно, этим он хотел меня подколоть или заставить реагировать? Я спрашиваю его беспечным тоном, как бы между прочим. Он отвечает, что не может объяснить, почему выбрал этот фрукт, но он мне очень подходит. Сразу после этого мой муж встает, чтобы налить себе еще вина. Совпадение ли это или попытка избежать ссоры?

Я знаю моего мужа. Знаю его острый взгляд. Знаю его проницательность и правильность выстраиваемых им ассоциаций. Знаю, как легко он может осадить человека одной-двумя фразами. Нужно примириться с очевидностью: мужчина, за которого я вышла замуж более десяти лет назад, считает меня мандарином.

Для Луизы мой муж выбрал ананас. На моих глазах он сравнил жену своего лучшего друга с летним, экзотическим, кисловатым, благородным фруктом. Он наделил ее латиноамериканским флером, наверняка подразумевая под этим, что неравнодушен к сочной мякоти этого тропического растения.

Мой муж считает, что его лучший друг женат на ананасе, тогда как он сам — на мандарине. Он живет с зимним, заурядным и недорогим фруктом из супермаркета. Маленький, ничем не примечательный фрукт, у которого нет ни сладости апельсина, ни своеобразия грейпфрута. Фрукт удобный и простой в употреблении — нужно лишь очистить его от кожуры и разделить на дольки, — и поставляется в собственной «упаковке».

Хотя мой муж выпил больше, чем следовало, я отказалась садиться за руль на обратном пути. Я не в состоянии вести машину, потому что очень расстроена из-за инцидента с мандарином. Мне бы хотелось услышать его объяснения, но я все еще слишком взволнована, чтобы напрямую заговорить об этом. Даже городским огням, мелькавшим за стеклом во тьме, не удавалось меня успокоить. За всю дорогу я не проронила ни слова.

Мы обнаружили Зои спящей на диване перед телевизором, свет от экрана которого отбрасывал на ее тело зловещие тени. Она живет в соседнем городке, поэтому мой муж предлагает отвезти ее домой на машине. Я против.

— Зои, я вызову тебе такси, — категорично заявляю я.

Моему мужу так легко не отделаться. Он решил выйти из положения, обратившись в бегство под предлогом того, что провожает Зои домой, чтобы я, не дождавшись его, уснула. Ну и хитрец. Не может быть и речи, чтобы он куда-нибудь поехал. Он останется со мной.

Мой муж достает купюры из бумажника, чтобы оплатить Зои проезд (эта сцена всегда трогает мое сердце, но сейчас ей не под силу усмирить мой гнев), затем уходит в спальню. Прежде чем присоединиться к нему, я остаюсь на несколько минут одна, чтобы отметить в блокноте основные неприятные эпизоды, произошедшие в течение вечера: его негативные воспоминания о первых месяцах жизни нашего сына, история про празднование его дня рождения, в которой он не упомянул меня. И особенно — мандарин. В одну строчку я записываю авторучкой его предательство с горьким вкусом фрукта из супермаркета. Я регулярно делаю записи в этом блокноте, пытаясь разобраться в том, что происходит в моей жизни. Строго говоря, это не личный дневник. Я не составляю никакого текста. Всего лишь пара строк — и вот уже лекарство от моего страха или гнева готово. Я никому не рассказывала об этой странной привычке, но когда я пишу, мне становится легче. У меня есть еще один блокнот, который я храню в том же месте — за книгами в книжном шкафу. Зеленый блокнот, в который я переписываю идеи и советы из журналов, а также конспектирую статьи, найденные в интернете.

Кладу блокнот на место — за толстые тома энциклопедий. Я все еще испытываю чувства униженности и злости, но по крайней мере теперь я знаю, что делать. Решение всегда приходит ко мне в процессе письма.

Войдя в спальню, я открываю ставни, чтобы увеличить пространство между нами. Попутно спрашиваю его, не могли бы мы в кои-то веки оставить ставни открытыми. Он не соглашается. Свет и уличный шум мешают ему заснуть. А главное, он не понимает, для чего неожиданно менять давным-давно установленное нами правило: мы спим при закрытых ставнях.

Я дала ему возможность загладить свой промах с мандарином, доказать, что он способен сделать усилие, что не чужд компромиссу. Но он не воспользовался этим шансом. Тем хуже для него. Я едва не сказала ему, что сегодняшним утром он продолжал спать, несмотря на то что на него упал солнечный луч. Если бы только у меня хватило смелости привести его в замешательство: «Дорогой, я знаю, что это неправда, ты спокойно спал с открытыми шторами. Давай обойдемся без этой абсурдной лжи, это просто смешно».

Сидя на краю кровати, я старалась оставаться неподвижной, как вдруг две слезы скатились по моему лицу и соединились под подбородком. Они проложили прозрачный путь в форме сердца от глаз через щеки.

С годами я научилась различать два вида слез. Во-первых, слезы разочарования или ярости. Безудержные, обильные слезы красного цвета. Они не текут — они брызжут. Их легко узнать, потому что после них остается отекшее лицо и опухшие глаза. Именно эти слезы появляются у меня, когда дети проводят у дедушки с бабушкой школьные каникулы, когда я приготовила ужин, привела себя в порядок, а мой муж звонит мне, чтобы сказать: он вернется поздно из-за срочного дела, которое нужно закончить на работе. Я вешаю трубку и плачу от ярости. Терпеть не могу наряжаться напрасно.

А еще бывают, как сегодня вечером, слезы грусти. Они тоже не текут, но хлещут. После нескольких дней постоянной, смутной грусти они начинают беззвучно скользить по лицу, одна за другой. Это ледяные, скупые слезы, которые кажутся мне светло-голубыми, почти прозрачными. Они играют роль щита: эти защитные слезы накладывают влажный пластырь на щеку. Затем я просто вытираю их тыльной стороной руки.

Я едва успела утереть две прозрачные слезы, как дыхание моего мужа стало замедляться. Как он мог заснуть после того, что сделал этим вечером? Я мечтаю о том, чтобы он вкладывал в нашу супружескую жизнь те же энергию и усердие, которые вкладывает в свой сон.

Пока мой муж с возмутительной легкостью засыпает, перед моим мысленным взором предстает наш брак. В это мгновение я глубоко убеждена, что ему пришел конец. В нашей паре иссякла любовь. Думаю, после тринадцати лет совместной жизни (пятнадцати с момента знакомства) я заслуживаю большего, чем сравнения с банальным мандарином. Мой муж собирается уйти от меня. В моей голове проносятся кинокадры: документы о разводе, которые я наспех подписываю с покрасневшими от слез глазами, переезд в темную двухкомнатную квартирку, невозможность найти свободного мужчину за сорок, вечера, посвященные детям, которых я никогда не хотела иметь.

Нужно встать с постели. Дрожа, выпиваю стакан воды на кухне. Снимаю кольцо с бриллиантом и кладу его в прихожей, рядом с керамической тарелкой, в которой лежат в обнимку наши ключи. Кольцо хорошо заметно на деревянной мебели, цель ясна — заставить его реагировать.

Когда я наконец устраиваюсь поудобнее в постели, мое тело начинает чесаться. Каждый вечер одно и то же. Когда я засыпаю, у меня чешется тело: голова, ягодицы, локти, затылок, живот. Я обращалась к врачам: дерматологу, гомеопату. Пыталась лечить проблемы с кожей и потоотделением. Заподозрила наличие постельных клопов. Проверила уровень влажности в комнате. И я сто раз меняла стиральный порошок, думая, что у меня аллергия на какой-то запах или компонент.

Мое тело чешется, я стараюсь думать о чем-нибудь другом. Но мне не дает покоя вопрос: почему мандарин? Если бы только можно было заново пережить тот ужин, еще раз прослушать разговоры, которые велись тем вечером, я бы поняла, как мы до такого докатились. Я знаю, что сегодня вторник, день конфликтов, но мандарин — это особо яростный акт агрессии.

Время идет, но я понятия не имею, который сейчас час, поскольку закрытые ставни и задернутые шторы не дают мне увидеть приближающийся рассвет. Я измождена, однако не могу заснуть. Между тем мой муж эгоистично продолжает наслаждаться сном. В эту минуту я его ненавижу. У меня нет другого выхода: вскрикиваю якобы от кошмара. Он внезапно просыпается. Бормочу притворно сонным голосом: «Извини, мне приснился плохой сон» — и переворачиваюсь на свою сторону кровати. Я надеюсь, мой муж не сможет заснуть, и бессонница даст ему необходимое время, чтобы поразмыслить над совершенным им предательством. Важно, чтобы он задался вопросом: как он мог низвести собственную жену до уровня обычного мандарина? И почему, например, не банана?

Среда

У меня плохое настроение. Среда — оранжевая, как мандарин. С самого утра несколько предметов разных оттенков оранжевого цвета действуют мне на нервы: мой дневной крем с мандарином, ремешок моих часов, тертая морковь для сегодняшнего ужина в холодильнике.

Я провела ночь, перебирая в памяти все известные мне фрукты. И пришла к следующему выводу: мне хотелось бы быть персиком, ежевикой или вишней. Я категорически не хочу быть мандарином, но и становиться грушей, бананом или виноградом у меня тоже нет никакого желания.

— Ты забыла кольцо вчера вечером, придя домой. Оно лежало внизу, рядом с ключами! — самодовольно произносит мой муж, протягивая мне кольцо. «За все годы брака я никогда не чувствовала себя такой одинокой, как сейчас», — думаю я, глядя на холодный камень в оправе.

Наивность моего мужа невыносима. Он настолько уверен в моей любви к нему, что даже кольцо, положенное на самом видном месте в прихожей, не рассматривает в качестве угрозы. Неужели он ничего не понял?

Даже если бы инцидент с мандарином не произошел, нам ни в коем случае не следовало принимать приглашение Николя и Луизы. Этот ужин был бессмыслен. Когда мой муж рядом со мной, мне нет нужды встречаться с друзьями. Мне также не хочется повидать моих родителей, я не скучаю по моим детям. Мне достаточно моего мужа. А ему, наоборот, нравится быть среди людей. Он оживляется при взаимодействии с человеческим теплом. Он любит выходить в свет и заводить знакомства. Но я тяжело переношу его общительность. Каждый новый человек, который входит в нашу жизнь, — это дополнительное рассеивание его внимания, рассеивание его самого, дележ, который причиняет мне страдания. Энергия, которой он бурлит рядом с другими людьми, ранит меня: она неизменно свидетельствует о том, что ему меня недостаточно.

Самое большое счастье, какое только я могу себе представить, закрыв глаза, — жизнь, ограниченная пространством нашего дома. Идеалом для меня явилось бы нескончаемое пребывание наедине с моим мужем: мы вдвоем в гостиной, пьем крепкий кофе и болтаем часы напролет. Иногда я представляю, что мы остались одни на земле. Воображаю ужасающую эпидемию, ядерную войну, в которой мы — единственные выжившие, или необитаемый остров, где мы случайно очутились после авиакатастрофы. Когда я размышляю о собственном счастье, оно неизменно спрягается с местоимением «мы»: мы одни и мы вдвоем. Что поделаешь, если рай в моем понимании — это чета, дуэт, пара.

Я собиралась поехать в лицей, как вдруг меня позвал мой муж. Он не может найти бумажник, он не успеет вовремя отвезти детей в школу, он не понимает, почему бумажника не оказалось в прихожей, хотя был уверен, что оставил его там, ведь он вчера вечером заплатил Зои.

— Ты проверил карманы брюк, в которых был вчера?

Мне кажется, я наблюдала эту сцену тысячу раз: мой муж задается вопросом, почему его бумажник или ключи не лежат там, где, по его мнению, он их оставил. Или он не может найти свой мобильный телефон. Я много лет повторяю ему, чтобы он всегда складывал свои вещи в одном месте, но все тщетно. Я слышу, как мой муж возится в комнате, затем наступает тишина. Бумажник и в самом деле оказался в кармане его брюк.

Его забывчивость началась в одночасье, спустя несколько месяцев после рождения нашей дочери. В итоге мой муж, обеспокоенный внезапными провалами в памяти, записался на прием к врачу. Временами ему казалось, что он сошел с ума. В течение нескольких недель не возникало никаких проблем, и вдруг в ванной комнате исчезали часы, которые позже обнаруживались в ящике комода. Поскольку компьютерная томография и неврологическое обследование ничего не выявили (ни повреждения мозга, ни дегенеративного заболевания), мы оба решили просто посмеяться над этим. С тех пор мы вместе шутим над его забывчивостью. Мой муж — ветреная голова! Он такой рассеянный! Он все забывает: ключи, ноутбук, мобильный телефон, зарядное устройство, список покупок. К счастью, он ни разу не оставлял детей в жаркий день в машине или в тележке для продуктов.

Положив руки на руль, я не способна тронуться с места. Невыносимый цветочный запах моих духов пропитал всю машину; опускаю стекло, но снаружи то же самое — пахнет буржуазным садом (битва с жасмином и розой заранее проиграна). Бросаю взгляд в зеркало заднего вида и замечаю, что надела не тот шейный платок. Несколькими минутами ранее я сунула руку в ящик комода и схватила тот, что с оранжевым рисунком (с тех пор как мой муж превратил меня в мандарин, я торжественно решила никогда впредь не носить одежду этого цвета), хотя думала, что взяла зеленый. Я не осознала своей ошибки, потому что одевалась в темноте. По дороге тянется длинная вереница оранжевых предметов: реклама сока из сицилийских апельсинов отобразилась на светофоре в тот момент, когда со мной поравнялась оранжевая машина. Я нервно смеюсь. Я ненавижу среды, и не только за то, что это детский день. Среда в первую очередь день Меркурия. Эта маленькая хаотичная и спешащая планета управляет моим знаком — Девой, и я часто нахожусь под воздействием ее траектории в Солнечной системе. Когда она переходит в ретроградное движение, как сейчас, все усложняется: появляются проблемы с общением, сомнения, повышенная эмоциональность. Я ненавижу среду и ненавижу Меркурий.

Оранжевый шейный платок доставлял мне все больше неудобств. Сначала был легкий дискомфорт во время вождения. Затем, когда я пересекала двор лицея, мне показалось, что он мешает мне дышать. Оказавшись в классе, я по-настоящему задыхалась. Снимаю платок и выбрасываю в окно. Ученики топчут его ногами.

Пусть. Я больше не могу ходить с завязанной на шее виной моего мужа: он не позволял мне спать с открытыми ставнями. Из-за него я вынуждена одеваться в темноте, когда рано встаю. И из-за него я перепутала платок сегодня утром.

Чтобы успокоиться, повторяю себе слова, которые мне часто говорила мама: *брак — это компромисс*. Спать с закрытыми ставнями — *это все-таки мелочь*. Кроме того, так спят многие пары; в конце концов, это всего лишь вопрос привычки. Да и ученые единогласно утверждают, что во время сна в полной темноте организм восстанавливается лучше. Так что *это все-таки мелочь*. Но по прошествии пятнадцати лет можно ли по-прежнему говорить, что *это все-таки мелочь*? Разве 5475 ночей — это ничтожно мало? Разве ничего не значат 5475 дней, когда, проснувшись поутру, не чувствуешь себя полностью отдохнувшей? Разве 5475 пробуждений в отсутствии естественного солнечного света — это не ущерб, заслуживающий возмущения?

Из-за закрытых ставен я плохо сплю. А ведь недосыпание вредит моему здоровью и повышает риск развития рака. У меня также снижается работоспособность и, что особенно опасно, концентрация внимания за рулем. Пятнадцать лет я испытываю повышенную раздражительность, проявляю меньше терпения по отношению к моим детям и ученикам, труднее запоминаю новую информацию. Пятнадцать лет я плохо сплю, меня преследует усталость, которая замедляет мою реакцию: если я стану свидетелем несчастного случая или в доме возникнет пожар, последствия могут быть катастрофическими. Помимо этого, недостаток сна способствует набору веса, а ведь мой муж всегда восторгался моей стройностью. Кто мне вернет эти 40 000 разрушительных часов сна в темноте? Кто мне их компенсирует?

Брак — это компромисс. Но почему согласилась приспосабливаться именно я? Не было причин, по которым на уступки должна была идти скорее я, нежели он. Тем не менее закрытые ставни воспринимались нами как нечто само собой разумеющееся. Мы толком не обсуждали этот вопрос. Мой муж мог бы прекрасно спать и с повязкой на глазах, тогда как у меня нет возможности искусственно воссоздать уличный свет в спальне. Кроме того, когда вчера я приоткрыла ставни, первые лучи солнца его не разбудили; действительно ли у него настолько чуткий сон, как он утверждает? Однажды он заявил, что может спать только в полной темноте, но, в конце концов, по-другому спать мы не пробовали. Возможно, он бы даже не заметил разницы.

Несправедливость — если не сказать, ложь — бросается мне в глаза. Неужели мой муж все эти годы убеждал меня, что может спать лишь при закрытых ставнях, хотя ему неизвестно, так ли это, или, хуже того, это неправда? Не способ ли это утвердить господство надо мной?

Позднее, тем же утром, я не удержалась и провела голосование поднятием руки в моем классе. Оказалось, ученики, которые предпочитают спать в темноте, даже не составляют подавляющего большинства. Так что мой муж не может прикрываться численным преимуществом. Как он мог заставить меня поверить, что спать при закрытых ставнях вполне естественно?

Мой муж позвонил мне и сказал, что забыл папку, которая понадобится ему во второй половине дня. При этом он был уверен, что накануне положил ее в портфель. Это папка с клапанами, в которой лежит важный контракт. Я предлагаю привезти папку к нему на работу — мы воспользуемся этим, чтобы пообедать вместе. Я все еще рассержена из-за мандарина, но, как достаточно зрелый человек, я могу обуздать свои чувства, если того требуют обстоятельства.

По возвращении домой я долго стою в нерешительности перед шкафом, выбирая подходящий наряд. У меня огромное количество одежды. Я не так часто ее покупаю, но ничего не выбрасываю. Я не способна сортировать, отдавать или выбрасывать вещи: каждая ткань — это реликвия ушедшей эпохи, каждый предмет одежды — воспоминание о прошлом, каждая полка в шкафу — машина времени. Это очень короткое платье в цветочек я купила летом, когда мне исполнилось двадцать лет. Адриан одним взмахом снимал его с меня, а потом мы целый день занимались любовью в его комнате в студенческом общежитии, которую я покидала с красными щеками и спутанными волосами. Эти джинсы возвращают меня в то время, когда я, в неизменных кроссовках, в спешке бежала на автобус № 47, чтобы успеть на встречу с моим научным руководителем, на которой мы должны были обсудить мою дипломную работу. Эта сумка — первое в моей жизни изделие люксового бренда — появилась у меня, когда я начала встречаться с моим будущим мужем. Я купила ее на деньги, украденные из кассы ресторана, в котором летом работала официанткой. Мы выходили из кинотеатра после просмотра авторского кино или отправлялись на воскресный обед к его родителям, и эта сумка придавала мне новой, доселе неведомой уверенности. А вот платье для беременных с вишенками. Я снова вижу, как на последнем месяце беременности неторопливо иду по улице с эклером в руке, подставив лицо солнцу (во время первой беременности моя тяга к эклерам была настолько сильной, что с той поры я не могу их есть).

Надеваю другую блузку, меняю джинсы на юбку, но в итоге выбираю платье. Снова наношу духи, надеясь, что от них повеет опасностью. Добавляю еще несколько капель, но они пахнут лишь цветами и чистотой. Я продолжаю душиться, нажимаю на пульверизатор один раз, два раза, десять раз. Но из дорогостоящего флакона не веет ни ядом, ни страстью. Мне тяжело дышать, навязчивый, одуряющий аромат розы охватил все мое тело — впору возвращаться под душ.

Изо всех сил разбиваю флакон о пол.

Собирая осколки стекла, я порезала ступню. На белом ковре заметно немного крови, которую я не собираюсь вытирать. Мне нравится это красное пятно. Оно привнесло долгожданную частицу жизни в этот стерильный интерьер. Перед уходом я испачкала чернилами шелковую блузку, чтобы мне было что сказать мужу, если он спросит, почему я днем переоделась. Оставляю блузку на кровати, чтобы мое алиби было безупречным. Вряд ли удастся очистить ее, даже если я отнесу ее завтра в химчистку. Жаль, я так ее любила, и она мне очень шла.

Когда я красила ресницы тушью, пришло сообщение от моего мужа. Я узнала об этом по особому рингтону, который поставила только на него. Разумеется, выбрала нечто сдержанное:

«Гимн любви» не звучит всякий раз, когда мой муж звонит или пишет, а иначе за кого бы меня приняли? Я не глупа. Я выбрала мелодию, которая имеется почти в каждом телефоне — две очень простые ноты (ре и си). Никто не обращает на них внимание, но я-то знаю, что они связаны с единственным контактом в моей телефонной книге — с моим мужем. Эта маленькая хитрость избавляет меня от многочисленных разочарований: когда хватаешься за телефон в надежде, что звонит он, а оказывается, это всего лишь подруга или кто-нибудь из родственников.

Что, если мой муж хочет отменить наш обед? Может, ему уже не нужна папка? Неужели я зря одевалась и красилась? А вдруг он собирается мне сообщить, что этим вечером не вернется домой, что больше никогда не вернется домой, что уходит от меня?

На экране высветилось начало сообщения. Я не верю своим глазам. Оно начинается так: «Ты в курсе последней выходки...» Муж написал мне, чтобы прокомментировать поступок политика, о котором действительно недавно что-то говорили по радио. Я удивлена. Мой муж очень редко пишет мне сообщения. Он предпочитает звонить, например, чтобы предупредить, что заедет за хлебом, или чтобы спросить, могу ли я отвезти нашего сына на урок игры на кларнете. Он часто мне звонит, но редко присылает сообщения. А сегодня он написал мне, чтобы поговорить о политике, хотя до нашей встречи остался всего один час. Какая-то бессмыслица.

Я бы поняла, если бы он написал, чтобы перенести наш обед на полчаса. Я была бы счастлива, если бы он написал, чтобы сообщить, что любит меня и скучает по мне. Или чтобы объяснить, почему назвал меня мандарином. Но меня совершенно не интересует то, что мой муж хочет мне сказать по поводу этого политика.

Когда мы встречались уже на протяжении нескольких месяцев, мой муж отправился в путешествие по Азии. Во Франции тогда полным ходом шла предвыборная борьба. Помню, как-то вечером ему удалось дозвониться до меня из своего отеля. У нас было мало времени для разговора, но он, несмотря на это, упомянул о результатах предстоящих президентских выборов. Он увлеченно рассказывал мне о приближавшейся к концу избирательной кампании, о содержании дебатов, о кандидате, которого хотел видеть президентом. Я не получала от него вестей уже несколько дней, ужасно скучала, нам было трудно дозвониться друг до друга: какое мне было дело, победят в воскресенье левые или нет? Я даже не ходила голосовать в первом туре.

Спешно сочиняю ответ, притворившись заинтересованной. Я долго раздумываю над тем, как лучше закончить сообщение. Вначале хотела написать: «До скорой встречи. Жду ее с нетерпением». Но в итоге ограничилась: «До скорой встречи». Получилось сдержанно и отрешенно. Я хочу, чтобы он воспринимал меня именно такой.

Я приехала на встречу раньше моего мужа — задолго до часа дня. Тем не менее моей первой мыслью было: он не придет. Он навсегда оставил меня, так как понял, что я недостаточно заботливая мать и чересчур требовательная жена. Он сел в машину, уложил свои вещи в два больших чемодана и снял квартиру в центре города, адрес которой я никогда не узнаю.

Стараюсь успокоиться, повторяя себе, что еще слишком рано. Единственное, что уменьшает мое беспокойство, — это осознание того, что мой муж пунктуален, а значит, скоро все прояснится.

Я помню день, чуть более десяти лет назад, когда мы должны были подписать договор о покупке нашего дома. У нас была назначена встреча с нотариусом на понедельник на 14 часов 30 минут — в наш обеденный перерыв. Я приехала на пятнадцать минут раньше. Ждала мужа у входа, нервно посматривая то на часы, то на мобильный телефон. Попыталась позвонить ему в первый раз в 14 часов 25 минут, во второй раз — в 14 часов 30 минут. Он не ответил. Мой муж никогда не опаздывает: он наверняка обманул меня. Он передумал, он не был готов, он не желал этой жизни... Я решилась позвонить ему в 14 часов 35 минут — и опять нет ответа. В здание я вошла, готовясь объявить нотариусу, со слезами на глазах и с дрожью в теле, что все отменяется. Нотариус встретил меня с улыбкой и проводил в кабинет, где терпеливо ждал мой муж. Ожидая меня, он уже начал парафировать копии документов, которые нам следовало подписать.

Я часто вспоминаю этот случай. Я вновь вижу моего мужа, склонившегося над стопкой бумаг с ручкой в руке. Поэтому, чтобы успокоиться, мысленно прокручиваю эту сцену во всех деталях, повторяя себе: «Он был там все это время».

Многие думают, что именно тревожное ожидание рождает зависимость и разжигает страсть. Любимым человеком должен быть мужчина, женатый на другой женщине, который по прошествии некоторого времени перестал отвечать на телефонные звонки, которому невозможно дозвониться в канун Рождества или в дни летнего затишья. Страсть должна возникать от пассивного ожидания у телефона, от ревности, которую испытываешь при мысли о том, что сейчас он лежит в супружеской постели, от того, что не знаешь, когда вы увидитесь в следующий раз. Мне бы хотелось сказать неверным возлюбленным, тем, кто любит друг друга на расстоянии, или тем, которых разлюбили, что любовь никак не связана ни с неопределенностью, ни с ожиданием и что стабильность и взаимность нисколько не умаляют ее силы. Мне хотелось бы им сказать, что страсть может возрастать в постоянстве семейного очага, в неизменном времени возвращения домой, в ярко выраженной привязанности друг к другу, в монотонности ежедневной жизни. Мне хотелось бы им сказать, что сердце также может биться в определенные часы.

Ровно 13 часов. Я замечаю фигуру мужа, приближающуюся ко мне издалека. Я не надела очки (без них я нравлюсь ему больше), но узнала его даже с такого расстояния (должно быть, он находится в двадцати — двадцати пяти метрах от меня). Разве это не бесспорное доказательство любви, если я смогла с первого взгляда распознать фигуру любимого человека среди остальных, даже будучи близорукой? Является ли повышенная острота зрения побочным эффектом этого чувства? И на каком расстоянии начинается любовь: когда узнаешь любимого человека с десяти, пятидесяти или ста метров?

Мой муж предложил мне пообедать в итальянском ресторане, расположенном в пятнадцати минутах от его офиса. Зачем так далеко ходить? Может, он боится, что один из его коллег увидит нас вдвоем? Или же опасается, что кто-нибудь в моем присутствии спросит его про жену, тем самым открыто изобличив его в неверности? Неужели ему стыдно встречаться со мной с глазу на глаз? Это и вправду не слишком мужественно: деловой обед, на котором обсуждается важный контракт с Данией, возможно, в большей степени соответствует тому имиджу, который мой муж хочет себе создать. Мы устраиваемся на террасе. Я успокоилась: если бы он не хотел, чтобы нас видели вместе, то предпочел бы обедать в зале.

Едва усевшись, мой муж попросил дать ему папку, которую немедля убрал в портфель.

— Все-таки ты здесь именно по этому поводу! — добавил он.

Я промолчала, но не согласилась с ним. Каков бы ни был повод, я рада, что пришла. Очень жаль, что моему мужу пришлось забыть дома важный контракт, чтобы мы нашли время пообедать вместе.

Официантка принесла меню. Ее молодость и красота привели меня в замешательство. Однако я и бровью не веду, рассуждая логично: эта женщина очень красива, но мой муж никогда бы не бросил меня ради официантки. В английском языке есть выражение, непереводимое на французский: *wife material*. Когда мы с моим мужем познакомились, я сразу же поняла, что он будет превосходным *husband material*, то есть потенциальным мужем. У него было все, что требовалось, — высокое социальное положение, хорошее образование, престижная работа, элегантность. Идеальный муж для меня и идеальный отец для наших будущих детей. Поэтому, если говорить откровенно, в этой пышнотелой официантке нет ничего от *wife material*. Несомненно, из нее получилась бы отличная любовница. Он мог бы встретиться с ней несколько раз в отеле, насладиться ее гладкой кожей, кончить между ее грудей; но никогда бы не представил ее своим родителям. Он никогда бы не взял ее с собой на ужин с коллегами и никогда бы не сделал ей ребенка. Короче, эта официантка не представляет серьезной угрозы.

Когда она вернулась, чтобы принять наш заказ, я еще не успела взглянуть на меню. Зато мой муж точно знал, чего хочет: лазанью. Почему он не выбрал мясо, как обычно? За пятнадцать лет он впервые заказал лазанью. У него также возникли вопросы относительно десерта и вина. Мы только что пришли, когда он умудрился все это обдумать? Неужели он просмотрел меню заранее, чтобы подготовиться к нашему обеду (я часто так поступаю, когда встречаюсь с ним)? Я чувствую, что он спешит, поэтому заказываю то же самое.

Не помню точно, о чем мы говорили, но это было увлекательно. Наши разговоры всегда были непринужденными. Мне врезались в память слова, которые текли из его уст во время наших первых свиданий. Подчас мы забывали заняться любовью — так много хотелось сказать друг другу. Возможно, именно поэтому мы целовались реже, чем другие пары. Влюбленные, которые постоянно целуются, как правило, делают это для того, чтобы восполнить недостаток общения: когда к твоим губам прижаты губы другого человека, сложно глубокомысленно рассуждать о смысле жизни. Нам с мужем никогда не требовалось целоваться для того, чтобы заполнить пустоту, — во всяком случае, именно этим я успокаивала себя, увидев, как Николя с Луизой целовались на кухне после ужина; у них наконец появилось несколько минут, чтобы поболтать наедине, а вместо этого они предпочли целоваться. Ну и нелепица!

Наши диалоги насыщены. Даже по прошествии многих лет они остаются богатыми (словами, отсылками, нюансами, метафорами), что жизненно важно для меня. Я испытываю неизбывный страх перед паузами. В подростковом возрасте образцом для меня была пара, образованная Жан-Полем Сартром и Симоной де Бовуар (за исключением открытого брака — это не мое); я представляла себе, как они часами разговаривали в кафе, выкуривая сигарету за сигаретой. Тогда я мечтала о браке, скрепленном словесно-интеллектуальным пинг-понгом, о союзе, в котором словам отводилась бы главенствующая роль. Поэтому, разговаривая с моим мужем, я стараюсь заканчивать его фразы и постоянно находить новые темы для разговора. Я всегда так боялась, что он сочтет меня неинтересной.

Мой муж что-то говорит, я слушаю его лишь краем уха, но вижу, что он обращается ко мне, и этим довольствуюсь. Сотни произнесенных слов, комментариев, восклицаний. Я заготавливаю реплики, чтобы любой ценой избежать молчания между нами. Блюда принесли вовремя: у меня как раз иссякли идеи для оживления беседы.

Замечаю, что мой муж разговаривает с официанткой дружеским тоном, когда та ставит перед ним тарелку. Чем объяснить подобную фамильярность? Может быть, они уже вместе спят? Не по этой ли причине он привел меня именно в этот ресторан, а не в другой? Что, если моего мужа возбуждает знакомство его жены с его любовницей? Какая циничная инсценировка.

Я по-прежнему не подаю виду. Прежде всего потому, что не хочу показывать ревность (нельзя демонстрировать свою уязвимость). Но также и потому, что, с прагматической точки зрения, есть более важная тема, которую я, наконец, готова обсудить с ним, — мандарин. Приходится выбирать, куда направить силы. Дождавшись подходящего момента в разговоре, я решаюсь:

— Я думала о том, что ты сказал вчера вечером по поводу мандарина. По-моему, ты слишком суров! Мне кажется, я больше похожа на ежевику или на вишню.

— Ты снова об этом! — отвечает он со смехом.

Этот смех одновременно разряжает обстановку и завершает разговор. Мой муж, выждав паузу, делает еще один глоток вина (это его новый способ сменить неприятную для него тему?). Я проиграла это сражение.

Едва мы доели наши блюда, как к столику подошел мужчина. Я узнала в нем сотрудника моего мужа. Он здоровается со мной и спрашивает, как поживают наши дети. Разве он не мог задать этот вопрос моему мужу в понедельник утром у кофемашины? Почему именно мне задают вопросы о нашей семейной жизни и наших планах на отпуск?

Я взволнована из-за присутствия этого мужчины, который каждый день общается с моим мужем на работе. Он знает моего мужа как руководителя, наставника и коллегу. К этой стороне его личности у меня никогда не будет доступа. Мой муж вызывает в окружающих чувство уважения, восхищения или страха? Я спрашиваю себя, как он взаимодействует с людьми в рабочей обстановке, какая от него исходит энергия за пределами дома, в отсутствии жены и детей? Интересно, какой он, когда меня нет рядом и я его не вижу?

Мой муж предлагает коллеге присоединиться к нам за десертом (я молюсь, чтобы тот не нарушил наш тет-а-тет; должно быть, он слышит мои молитвы, поскольку вежливо отказывается). Перед тем как уйти, он в последний раз обращается к моему мужу, называя его «Арлекин». По моему недоуменному взгляду он понимает, что я не в курсе дела, и объясняет, что подчиненные моего мужа дали ему такое прозвище с тех пор, как поняли: это он съедал все разноцветные конфетки, оставленные на общей кухне. Итак, из всех сладостей, фруктов и напитков, которые компания предлагает сотрудникам, мой муж обожает именно эти конфеты. Эта на первый взгляд малозначительная история озадачила меня. Я не замечала за ним пристрастия к этому лакомству. Мой муж предпочитает соленое.

Когда пришло время расплачиваться, от моего внимания не укрылось, что мой муж быстро оплатил счет. Возможно, это не более, чем мелочь, но она формально превращает наш обед в свидание. Затем я заметила, что он оставил излишне большие чаевые. Чересчур фамильярный тон в общении с официанткой, лазанья, увеличенные чаевые: не влюбился ли мой муж в другую женщину? Если ею не может быть официантка, в которой нет ничего от *wife material*, тогда кто же эта опасная соперница? Не эйфория ли от зарождающейся любви заставляет его сорить деньгами и менять свои привычки? Конечно, есть и другие возможные объяснения изменений, которые я заметила в его поведении: может быть, он счастлив пообедать со мной (лучший вариант), рад, что нашел папку (это вероятно), или доволен теплой погодой, установившейся после полудня (погода и впрямь хорошая). Но что-то произошло.

Обычно я могу сказать наперед, какие блюда закажет мой муж (всё, кроме лазаньи), сколько чаевых он оставит на столе и как поблагодарит официантку, уходя. Я знаю его грамматику наизусть. Я знаю его тон, интонацию и синтаксис, я могу предугадать слова, которые он скажет (мне даже доводилось предвидеть его чиханье), я знаю, что он ест мало сладкого. Так как же он стал, и стал столь внезапно, незнакомцем для меня?

По дороге домой я плачу от грусти. Я плачу из-за мандарина. Я плачу из-за лазаньи. Я плачу из-за всех обид, которые мне наносит мой муж. Я плачу, и прохожие оборачиваются мне вслед, ведь не так уж часто можно увидеть красивую женщину плачущей. Я плачу, и что самое ужасное, я уверена, что слезы мне очень идут. Они делают меня похожей на героиню расиновской трагедии.

Я нередко думаю о Федре — наиболее интересной для меня влюбленной женщине в литературе (а их много, поэтому конкуренция жесткая). Мне нравится перечитывать одноименную пьесу Расина. В ней одна сюжетная линия: Федра сгорает от любви к Ипполиту. Но Ипполит — ее пасынок, и вдобавок он влюблен в другую, Арикию. Любви Федры он противопоставляет вдвойне неприступное сердце. Таким образом, ситуация, в которой оказалась Федра, проста, и ее страдания легко понять — это всем известные страдания из-за невозможной любви.

Случай печальный, но я никогда не считала его трагичным. Федре известен предмет ее грусти: она испытывает запретную, кровосмесительную и безответную любовь. Мало того что Ипполит — ее пасынок, он еще и любит другую женщину. Поэтому ей нужно смириться, умереть, забыть или жить с этим — но это ситуация, которую Федра прекрасно понимает. Понятное несчастье, которое можно облечь в слова, проблема, которой она может поделиться со своей кормилицей Эноной. Федру не любят, и она может спокойно оплакивать свое горе.

Будь у меня возможность, я бы сказала Федре, что еще тяжелее любить того, кем уже владеешь. У меня нет никаких причин плакать. Если бы нужно было объяснить прохожим, почему я плачу, что бы я могла сказать? Что чувствую себя опустошенной, потому что мой муж считает меня мандарином? Что у меня подкашиваются ноги, оттого что он заказал лазанью? Что я плачу из-за того, что он оставил щедрые чаевые? В глубине души я знаю, что у меня нет никаких причин для слез. Слезы Федры кристально чисты, а мои — противоестественны.

Несмотря на наши различия, в одном мы с Федрой схожи: мы обе отказываемся от любви. И я, и она предпочли бы не любить. Мы столкнулись с последствиями слишком сильной, неподобающей любви. Нет никакого удовольствия в том, чтобы быть влюбленной женщиной. И никакого удовлетворения в том, чтобы испытывать такую страсть. Никакого снисхождения к себе, если я довожу себя до такого состояния.

Я люблю. Не думай, что, любя тебя,
Я чувствую себя невиновной
и оправдываю себя.

У меня есть лишь одна близкая подруга, Люси. Нас сблизило то, что наши дочери были неразлучны с тех пор, как пошли в школу. Мне всегда было достаточно моего мужа, я не нуждалась в подруге, но так уж получилось. Вначале я даже противилась этому. Я понятия не имела, как развивать дружеские отношения с женщиной, и вообще не собиралась заводить дружбу под сорок лет. Но поскольку мой муж хорошо ладил с мужем Люси, мы стали проводить время вчетвером. Дело дошло до того, что уже целый год мы с Люси по субботам играем в теннис.

Хотя Люси и стала моей подругой, тем не менее я не доверяю ей свои секреты (если я — Федра, то в ней нет ничего от Эноны). Тот факт, что она знает моего мужа, делает всякий искренний разговор о нем невозможным. Поскольку, как и все, кто с ним общается, она часто мне повторяет, что я нашла настоящее сокровище и вышла замуж за прекрасного принца.

Когда Люси рассказывает мне о трудностях в отношениях со своим мужем Пьером, ее душеизлияния перемежаются короткими утверждениями, скрытый смысл которых заставляет меня чувствовать себя неловко: «Ну, тебе-то меня не понять, у тебя нет таких проблем с мужем» или «Вот твой муж так бы не поступил». Похоже, она знает: мой муж отличается от ее мужа. И более того: мой муж отличается от всех прочих мужей. Она настолько безапелляционна, что я никогда не осмеливалась ей ни противоречить, ни спросить, что она под этим подразумевает.

С тех пор как я познакомилась с моим мужем, мои родители, сестры, коллеги перестали вести разговоры о моем счастье. Они все с уверенностью утверждают: тебе повезло. Мне говорят, что мне повезло, словно я выиграла мужа в лотерею. Со мной ведут себя так, словно, выйдя за него замуж, я обманула статистику и теорию вероятностей. Иными словами, подразумевается, что он мог найти жену получше.

Это правда. У моего мужа более престижная работа, чем у меня, он получил элитное образование, вырос в буржуазной семье, он лучше меня играет в теннис и к тому же красавец. Что касается меня, я родилась в простой семье, выросла в рабочем районе, преподаю английский в лицее. Язык, на котором я говорю и с которого перевожу, почти все понимают (это не русский и не персидский — английским никого не удивишь). И в самом деле — нет причин блистать в обществе. Хорошо хоть, я очень красива.

Мой муж определенно мог бы найти себе партию получше (моя красота не будет длиться вечно). Однако меня смущает, что это несоответствие столь очевидно для окружающих. Особенно меня волнует, что об этом можно свободно, без всякого смущения говорить, что социально приемлемо заявлять: «Мне с ним повезло». Насколько я знаю, никто никогда не говорил моему мужу, что «ему повезло» иметь такую жену, как я.

Именно это неравенство между моим мужем и мной мешает мне быть откровенной с Люси. Она, несомненно, ответила бы, что я беспокоюсь понапрасну, что мой муж верен мне и любит меня, что он — замечательный муж и отец. Она бы мне напомнила, что я всем взяла (еще одно выражение, которое мои близкие спешат использовать, чтобы охарактеризовать мою жизнь). Короче, она сказала бы, что не видит проблемы.

Я рассказала о ситуации, которая сложилась у меня с моим мужем, только один раз. Это было четыре года тому назад, во время отдыха в горах. Я сблизилась с итальянкой, которая жила с мужем и сыном в том же отеле, что и мы. Это было ее первое пребывание на горнолыжном курорте, и я знала, что, вероятно, больше никогда ее не увижу. В то утро мы встретились в бассейне отеля. Усевшись на краю бассейна и погрузив ноги по щиколотку в воду, мы смотрели прямо перед собой, как будто следили за купающимися детьми, хотя кроме нас в бассейне еще никого не было. За большим панорамным окном напротив нас по склонам спускались первые лыжники, оставляя за собой красивые изгибы на заснеженных горах. Я открылась ей, ни разу не взглянув в глаза. Она слушала меня молча, не перебивая. Смотрела перед собой и болтала ногами в воде. Я молилась, чтобы она не ответила мне избитыми фразами. И главное — никаких слов утешения или ложного сочувствия. Я хотела, чтобы мне сказали, что делать.

По прошествии нескольких минут она произнесла слова, которые я помню до сих пор:

«Я думаю, ты во всем неправа. Тебе никогда не приходило в голову, что твой муж любит тебя больше, чем ты его? Ты говоришь, что безумно влюблена в него, но тебе не кажется, что именно он любит по-настоящему? Из вас двоих только его любовь переросла первоначальную страсть. А ты все еще живешь в стадии одержимости, которая обычно длится лишь первые месяцы отношений. Ты ему даже не доверяешь, как будто вы не прошли вместе долгий путь. Так что, возможно, все не так, как бы тебе хотелось, но ты сама сказала: твой муж тебя поддерживает, знает, уважает и любит. Я думаю, ты полностью заблуждаешься. В действительности влюблен твой муж, а не ты. На самом деле ты его не любишь».

Ее слова парили над безлюдным бассейном. Помолчав, я встала и погрузилась в воду. Как она может утверждать, что я не люблю моего мужа, тогда как моя проблема как раз-таки заключается в том, что я люблю его слишком сильно? Я пообещала себе впредь никому не доверяться.

Но в ее словах было зерно правды. И потому, вероятно, они меня настолько задели. Кроме того, они странным образом перекликались со второй частью моей любимой цитаты из Маргерит Дюрас: «Я никогда не любила, думая, что люблю». Я даже попыталась вспомнить, не произнесла ли она их в том же порядке: «Ты никогда не любила твоего мужа, думая, что любишь его». Может, она тоже читала «Любовника»? Я не осмелилась задать ей этот вопрос.

Мы больше не говорили об этом до конца отпуска. Но в наш последний вечер на горнолыжном курорте мне показалось, что она шептала что-то на ухо моему мужу.

Хлопает дверца машины, открывается почтовый ящик, поворачивается ключ в замке: сейчас 19 часов 30 минут, мое сердцебиение учащается, я снова оживаю. Жизнь входит в свою колею.

Перед тем как он вошел в дом, я поднялась на второй этаж, чтобы увидеть из окна, как он идет по цветочной аллее, и определить, выглядит ли он счастливым, возвращаясь домой. Результат: он вошел не слишком торопливо. Он не пригладил волосы перед тем. как открыть дверь, но на его губах мелькнула едва уловимая улыбка. Мой муж постоянно посылает мне противоречивые сигналы.

Я спускаюсь вниз, чтобы встретить его. Запах жареной курицы дополняет эту сцену, которую я несколько раз мысленно отрепетировала перед его приходом. Мой муж целует детей в лоб, меня — в щеку. Меня возмущает этот ложный стыд. Они не глупы — им прекрасно известно, что их родители целуются в губы, так зачем же отказываться делать это в их присутствии? Меня беспокоит, что мой муж столь сдержан в проявлении чувств:

как дети воспринимают нашу пару? Считают ли они, что их отец выглядит влюбленным в меня? Они всего лишь дети, но они непосредственные свидетели нашей любви. Кроме того, часто говорят, что дети чувствуют подобные вещи, что они — настоящие эмоциональные губки (кажется, дело в зеркальных нейронах). Я хотела бы задать им этот вопрос, но не знаю как. Возможно, когда они станут подростками, нам будет легче обсудить эту тему. Сможем ли мы наконец поговорить за столом о любви и смысле жизни?

Кстати, из множества семейных ритуалов больше всего меня раздражает именно безукоризненно отлаженный танец семейного ужина. В полдень мы были двумя влюбленными, сидящими на террасе ресторана: прохожие могли подумать, что мы коллеги, которые сгорают от желания друг к другу, но еще не решились даже на малейшее проявление чувств, или давние любовники (невозможно с уверенностью утверждать, как это выглядело со стороны). Вечером же, напротив, пьеса, которую мы разыгрываем, лишена двойственности: мы родители, которые ужинают со своими детьми, — семейный спектакль в разгаре. Я играю роль матери, а он — отца. Но мне недостает моего мужа.

Всем известна его партия. Он руководит ужином, дирижирует разговором. Кажется, он ставит своей целью разговорить наших детей. Мне, по крайней мере, не нужно опасаться пауз. Он задает им все новые вопросы, выясняет подробности, просит переформулировать ответы, следит за последовательностью изложения мыслей: школа, уроки, полученные знания, занятия музыкой, отчетный концерт в музыкальной школе. Слушая их, я улыбаюсь со всей возможной доброжелательностью. Поскольку, если честно, эти вечерние разговоры за ужином меня мало интересуют. Я, в свою очередь, спрашиваю мужа, как прошел его день, но он отвечает уклончиво. И я не могу винить его за это. При детях он не может ни подробно рассказать мне о сложном проекте, над которым работает, ни поделиться со мной беспокойством о здоровье своих родителей, ни серьезно поговорить о желании сменить обстановку. Наши дети уже достаточно взрослые, чтобы понимать, о чем идет речь, но еще слишком маленькие, чтобы сопереживать. Мы ведем себя так, чтобы за столом не произносилось ничего важного, и меня это крайне расстраивает и раздражает.

К счастью, мои дети ложатся спать раньше, чем их одноклассники того же возраста. Я сотни раз напоминала им о том, как важно хорошо высыпаться. Мне нравится подробно рассказывать об основных процессах, которые происходят в организме во время сна: мышцы расслабляются и отдыхают, мозг обобщает и систематизирует полученную за день информацию, воображение работает на полную силу и создает яркие сновидения, гормоны роста распространяются по всему телу, стимулируя рост. Одним словом, мои дети всегда рано отправляются в постель.

В действительности я забочусь о сне моих детей из эгоистических соображений, исходя из собственных потребностей, главная из которых — каждый вечер проводить несколько часов вдвоем с моим мужем. Но чем старше становятся дети, тем позднее они ложатся спать, а значит, время, проведенное мною наедине с моим мужем, неизбежно сокращается. Я тоскливо и обреченно наблюдаю за превращением нашей пары в семью.

Хотя мои дети уже могут самостоятельно читать, лежа в постели, муж по-прежнему заходит к ним в комнату, чтобы вместе пролистать несколько страниц. Когда они были маленькими, он каждый вечер рассказывал им эпизоды из «Истории французских королей». Начинал с Меровингов, затем переходил к Каролингам, представителям прямой линии Капетингов и Валуа. Наконец добирался до Бурбонов и начинал с начала. Он придерживался порядка глав большой красной книги с потертыми от частого перелистывания страницами; но эта книга была лишь предлогом, отправной точкой рассказа, который всякий раз дополнялся новыми историями (заикание Людовика XIII, скандалы при дворе Людовика XIV, стремительный взлет Николя Фуке) и вопросами (Как звали младшего сына Людовика IX? Чьей фавориткой была Диана де Пуатье? Какая королева построила Люксембургский дворец?). Этот калейдоскоп дат, исторических персонажей и войн неизменно вызывал восхищение у наших детей. Мой муж ни разу не рассказал им одну и ту же историю дважды.

Мне было неприятно, когда речь заходила о Генрихе IV — отъявленном изменнике. Куда больше мне нравилось, когда он рассказывал о приключениях Людовика XV — короля, правда, посредственного, но зато верного одной любовнице на протяжении всей жизни. Однако мой любимый рассказ, действие которого происходило по ту сторону Рейна, был посвящен генералу Бисмарку: он любил свою жену с постоянством и пылкостью, почти не имевшими аналогов в истории. И он ни разу не посмотрел на сторону, несмотря на то что месяцами находился в разлуке с любимой женщиной из-за военных кампаний.

В молодости, когда у нас еще не было детей, мой муж читал мне после близости стихотворения Поля Элюара, а отрывки из романа «В поисках утраченного времени» — по воскресным утрам, потягивая кофе в постели. Теперь он вслух читает нашим детям. Поэзия XX века и Марсель

Пруст, покинув спальню, смиренно вернулись в книжный шкаф в гостиной.

Я тоже читала много сказок нашим детям, когда они были маленькими. Но у меня это получалось менее естественно, чем у моего мужа. Моей речи не хватало выразительности, я не могла имитировать голоса персонажей так же хорошо, как он. Кроме того, это занятие вызывало во мне чувство неловкости: я не могла узнать, насколько в возрасте трех и пяти лет были понятны приключения, о которых я им читала или рассказывала. Делала ли я это слишком быстро или, наоборот, слишком медленно? Вечерами, которые я проводила в их комнатах, время казалось мне долгим, а книги — бесконечными.

Сейчас моей дочери семь лет, почти восемь. Когда я читаю ей сказку, то стараюсь выбрать такую, в которой нет ни слова о прекрасном принце или любви. Я покупаю ей книги, независимые героини которых сражаются с драконами, плавают на военных кораблях, откапывают останки динозавров. Выбор такого рода литературы отчасти обусловлен болезненной ответственностью, которую я чувствую за дочь. Больше всего на свете я хочу, чтобы дочь не повторила моих ошибок.

Само собой разумеется, я люблю наших детей. Я их люблю, но не менее очевидно и то, что я предпочла бы не иметь их. Я их люблю, но я предпочла бы жить вдвоем с моим мужем. Сейчас, думаю, я могу с уверенностью сказать, что пережила бы смерть одного из наших детей, но не моего мужа.

Тем не менее рожденные от него дети сблизили меня с ним. Особенно вначале, когда мы втроем вели замкнутую жизнь. Это пожизненное обязательство (я всегда буду матерью его детей) и драгоценное партнерство (нам одинаково тяжело приходилось, когда из-за боли в ушах сын не давал уснуть до утра). Этот маленький мальчик еще больше объединил нас, будучи неисчерпаемой темой для разговоров, доказательством и материализацией любви мужа ко мне. Но несмотря на это, я не любила сына так сильно, как следовало бы.

Когда мой муж вернулся на работу, а я осталась дома с младенцем, одна, я почувствовала себя пленницей, заточенной в роли матери; эту роль я никогда не хотела играть, и для нее у меня не было таланта. Я не обладала врожденной способностью умиляться спящему на моем плече ребенку. Как и позже не знала, о чем говорить с детьми по дороге домой из школы. Ничего из этого не пришло ко мне естественным образом. В отличие от других родителей мне никогда не удавалось делать восхищенный вид, когда дети рассказывали, как прошел их день. У меня никогда не получалось проявлять интерес к их играм, заботам, друзьям. Я так и не смогла привыкнуть к тому, как они медленно ходят; хотя мои дети теперь передвигаются с достаточной скоростью, долгое время их медлительность приводила меня в бешенство. Помню, я везла дочь в коляске и поминутно повторяла сыну, идущему рядом: «Крепко держись за бортик». Добираясь из яслей до дома (фактическое расстояние: 724 метра), я чувствовала себя так, словно совершала путешествие из Парижа в Токио (9710 километров).

Я люблю своих детей, но их присутствие меня тяготит. Невозможно поговорить о чем-то глубоком вечерами за столом. Нужно ждать, пока они лягут спать, чтобы заняться любовью с мужем. Я могу пересчитать по пальцам одной руки выходные, которые провела наедине с ним за последние десять лет. Приходится медленнее ходить: с детьми я иду со скоростью менее 4,7 км/ч, а без них — 6,8 км/ч. Я уж не говорю о моем теле, которое утрачивало обычную форму во время двух беременностей (к счастью, эти изменения в фигуре были временными, поскольку впоследствии я полностью избавилась от лишних килограммов). Разумеется, я решила не кормить детей грудью: я слишком дорожила ее упругостью, чтобы пожертвовать ради них столь значительной частью моей женственности.

Да, я недостаточно заботливая, самоотверженная, внимательная мать. Всякий раз, приходя за детьми в школу, я замечаю, как где-нибудь в уголке беседуют несколько родителей. Я машу им рукой и делаю вид, что спешу, избавляясь тем самым от необходимости подходить к ним, чтобы поздороваться. В действительности я боюсь, что они воспользуются случаем и попросят меня поучаствовать в школьном празднике, или поймут, что я не знаю имен их детей, тогда как они регулярно спрашивают меня о моих.

Я где-то читала, что существует три вида женщин: влюбленная, любовница и мать. Эта мысль кажется мне верной. Я провела свое детство и юность, будучи влюбленной: строила мечты о своей будущей жизни на основе сентиментальных романов и считала достойными внимания только те фильмы, в которых рассказывалось о более-менее счастливой и непременно страстной любви. Став молодой женщиной, я продолжала искать любовь всей жизни. Роль любовницы меня по-прежнему не привлекала: любовь без обязательств лишена для меня всякой прелести. Но даже родив детей, я так и не перешла к следующему этапу. Я так и не оказалась в категории матери.

Поэтому я стараюсь изо всех сил, но большую часть времени я слишком занята любовью, чтобы быть хорошей матерью.

Loving is easy
When everything's perfect
Please don't change a single little thing for me...[1]

Мой муж приглушил звук, чтобы не разбудить детей. В припеве повторяется, словно дразня меня, что любить легко. Почему мой муж выбрал эту песню? Сделал ли он это нарочно, чтобы подчеркнуть мою неспособность любить, как все остальные? Возможно, он пытается показать мне путь, деликатно донести до меня мысль: смотри, любовь может быть легкой, если ты этого захочешь, — но я в этом сомневаюсь. Я склонна во всем видеть плохое, и он редко выбирает приятную музыку для прослушивания. Так, с английской поп-музыки часто начинаются наши самые холодные вечера.

Выбор музыки всегда остается за моим мужем. Именно он составил плейлист нашей любовной жизни и регулярно обновляет саундтреки нашей семейной жизни. Мой муж задает тон. Одним нажатием кнопки он решает, будет ли атмосфера меланхоличной или праздничной, динамичной или романтической. С годами я даже научилась определять по его музыкальным предпочтениям,

[1] Песня британского исполнителя Александра Джеймса О'Коннора, выступающего под именем *Rex Orange County*.

в хорошем он пребывает настроении или в плохом. Я же вольна выбирать музыку только в своей машине; оставшись одна, я слушаю по радио популярные песни, а еще продолжаю покупать компакт-диски, чтобы скоротать время в пути (сейчас я слушаю веснушчатого музыканта, который пронзительно поет о своем разводе).

Пока мой муж принимает душ, я жду его на диване. У меня такое чувство, что я тоже предмет мебели. Из-за фоновой музыки и журналов о дизайне интерьеров на журнальном столике, которые скрашивают мое ожидание, мне кажется, что я нахожусь в приемной. Я быстро, не читая, пролистываю «Любовника».

Когда наконец появляется мой муж, я закрываю книгу. Обычно, как только мой муж входит в комнату, я откладываю в сторону роман, выключаю телевизор или радио, убираю перевод. Машинально прекращаю всякую деятельность, предоставляя себя в его распоряжение.

Итак, мой муж ставит обычный джаз. Но это не абы какая песня. Под эту музыку мы танцевали наш свадебный танец. Как я могу быть настолько наивной, чтобы считать, что его музыкальный выбор — результат случайности? Доказательства неопровержимы.

Мой муж не участвовал в выборе цвета свадебных приглашений, не предъявлял особых требований к меню. Но он решил, под какую мелодию мы станцуем наш первый танец: «Я хочу

Day by day»[1]. Вместо этого я предложила ему акустическую кавер-версию *Sweep me off my feet*[2] — песню, которая звучала в вечер нашей первой встречи, мне казалось это символичным, но он отказался. Он сто раз повторял мне, что *Day by day* — самая красивая песня о любви из всех когда-либо написанных. Я прослушала ее сто раз, но так и не уловила ее красоты.

Day by day I'm falling more in love with you
And day by day my love seems to grow...

У нее незамысловатое содержание, поэтому ее легко понять и перевести:

С каждым днем я все больше
влюбляюсь в тебя,
И с каждым днем моя любовь
к тебе лишь растет.

Как мой муж мог придерживаться столь опасной идеи? Если он любит меня с каждым днем все больше и больше, это означает, что однажды

---

[1] Песня Акселя Стордала и Пола Уэстона, вошедшая в студийный альбом Фрэнка Синатры 1961 года *Come Swing with Me*!

[2] Песня американского автора-исполнителя Кенни Логгинса из фильма *Footloos* («Свободные») 1984 года.

он может перестать меня любить. Кто мне даст гарантию того, что кривая будет и дальше расти исключительно вверх?

Со своей стороны, я всегда испытывала к моему мужу безусловную любовь. С первого дня я любила его одинаково сильно, и ничто не может изменить сложившееся положение вещей. Я ошибочно полагала, что мой муж вкладывал в наш брак схожий смысл, пока не вслушалась в слова этой песни. И тогда обнажилась суровая правда: спустя два года после нашего знакомства его любовь ко мне продолжала усиливаться, и он считал изменчивость своих чувств нормальным явлением. Если мой муж всегда думал, что позже полюбит меня еще больше, не означало ли это, что он никогда не полюбит меня по-настоящему? Когда мы танцевали на танцполе перед нашими друзьями и родственниками, я с ужасом вспомнила цитату из Паскаля: «Постоянно желая быть счастливыми, мы неизбежно никогда таковыми не станем».

Я часто просматриваю страницы нашего свадебного фотоальбома, который хранится на верхней полке книжного шкафа; неужели только мне заметны две слезинки грусти, которые проступили в уголках моих глаз, когда он обнял меня во время нашего первого танца?

Мой муж выключает музыку и включает телевизор. Я бы предпочла, чтобы мы поболтали, но храню молчание. Менее часа назад он пожелал нашим детям спокойной ночи и рассказал им очередную историю, на которые он большой мастер. Он вложил в нее голос, смех, нежность. А сейчас, когда мы наконец остались вдвоем, он выглядит совершенно опустошенным. От него ничего не осталось, он пуст, как пластиковая бутылка. Повседневные дела утомляют его. Поэтому за неимением возможности провести остаток вечера в одиночестве, расслабиться и ни перед кем не отчитываться, мой муж нуждается хотя бы в тишине. По вечерам в будние дни я не должна ни чересчур громко говорить, ни затрагивать серьезные темы, ни раздражать его. Моя единственная задача — дать ему отдохнуть.

Я чувствую, что он привык к моему присутствию. Он не удивляется, увидев меня сидящей рядом с ним на диване. Сила нашей любви, невероятное стечение обстоятельств, приведшее к нашей встрече, перестают быть очевидными для него, когда я нахожусь с ним в одной комнате. Он не вздрагивает, когда я делаю резкое движение. Он не задается вопросом, ухожу ли я навсегда, когда иду на кухню заварить себе травяной чай. Его тело не тянется к моему телу, чтобы удостовериться в его реальности.

Я делаю вид, что мне интересен фильм, но мое внимание всецело сосредоточено на одном: положить мою руку на его руку. Я придвигаюсь к нему ближе и просовываю пальцы под его ладонь. Но спустя две минуты он меняет положение и отпускает мою руку.

Ah! do not run away yet!
Leave it, let my hand be forgotten in your hand!

«О, не убегай так скоро! / Позволь, позволь моей руке забыться в твоей руке!» — мольба Ромео к Джульетте мне кажется вполне уместной в данной ситуации. Я играю Шекспира на своем диване несколько вечеров в неделю.

Мне бы хотелось, набравшись смелости, повернуться к нему и прокричать, что наша встреча была чудом. Объяснить ему, что моя рука в его руке — самый потрясающий спектакль из всех, что он когда-либо видел. Как я могла так быстро ему примелькаться? После первых волшебных месяцев между нами началось неотвратимое сближение, которое лишь еще больше отдаляло нас друг от друга. Взволнованные взгляды и неловкие движения сменились нежным взаимопониманием. Страсть угасла, уступив место будничной рутине.

Вначале наш любовный пейзаж представлял собой бесконечно тянущиеся дюны; он наводил на мысль об опасности засушливого климата и необъятности звездного неба, об удушающем дневном зное и внезапном ночном холоде. Затем мы стали озером — ровным, гладким пространством. Я видела, как мой муж постепенно привыкал к моему присутствию, пока и вовсе не перестал считать его чудесным. Пустыня на моих глазах превращалась в озеро.

Пока я подсчитывала время, в течение которого его рука лежала на моем колене (какое счастье, когда оно превышает две минуты), он неожиданно вынул из кармана мобильный телефон. Неужели ему скучно со мной? Не понимаю, к чему устанавливать ненужный контакт с внешним миром, если я нахожусь рядом. Как можно при мне набирать сообщение? Что в этот момент может быть важнее?

Я вспомнила обо всех нападках, которым подверглась начиная с понедельника вплоть до сегодняшнего вечера (я была права: английская поп-музыка не сулит моей любви ничего хорошего).

О том, что он достал свой мобильный телефон, тогда как я была рядом с ним.

О том, что он не положил снова свою руку на мою, и мы больше не соприкоснулись (даже коленями).

О том, что он не спросил, как продвигается мой перевод.

О том, что он не поблагодарил меня еще раз за то, что в обед я привезла ему папку с документами. О том, что он все еще не извинился передо мной за мандарин.

О том, что он не предложил мне в исключительных случаях оставлять открытыми ставни на ночь. О том, что он не сказал мне, что у нас замечательные дети и счастливый брак.

Я так и вижу, как он порывисто поворачивается ко мне; он гладит мои ноги, мы шепчем друг другу ласковые слова в то время, как его рука скользит по моему бедру, — он опрокидывает меня на диван, задирает платье, с силой зажимает мне рот, а его член оказывается между моих влажных бедер. Я могу представить это без труда, но мой муж ничего подобного не делает, поскольку всецело поглощен происходящим на экране.

Он переключает канал, затем выключает телевизор. Этот односторонний подход к пульту дистанционного управления заставляет меня задуматься: не авторитарен ли мой муж? Он не поинтересовался, хочу ли я досмотреть фильм до конца. Он не спросил меня, как, конечно же, делают другие мужья: «Ну что, выключаем?» Он никогда не произносит переходных фраз, которые позволяют подвести итог и перейти к другому виду деятельности. Он не говорит: «Пойдем спать?» Он действует без предупреждения: берет пульт дистанционного управления, выключает телевизор, встает и отправляется спать. Он не облекает свои поступки в слова. Я должна сама все понять.

Уверена, если бы я установила камеру в гостиной Николя и Луизы или Люси и Пьера, моим глазам открылась бы совершенно другая картина: в какой-то момент вечера один из них отчетливо спрашивает другого, можно ли выключить телевизор. Или сообщает, что устал и выражает желание лечь спать. С помощью этой камеры, возможно, я могла бы увидеть, как, выключив телевизор, они придвигаются друг к другу, целуются и ласкают друг друга.

И тут мой муж говорит мне дословно следующее:

— В последнее время с погодой творится полная ерунда. Прохладно, как в марте, а ведь уже начало июня.

Я встаю, чтобы он не заметил моих слез. Кипячу воду, чтобы снова заварить себе травяной чай. Шум чайника заглушит мой плач от грусти (хотя такого рода слезы обычно беззвучны). Когда мой муж говорит мне о дожде и хорошей погоде, когда он не берет меня за руку, когда он делает из меня мандарин, когда он открывает глаза во время поцелуя, я так же ранима, как и в шестнадцать, как и в шесть лет.

«В последнее время с погодой творится полная ерунда. Прохладно, как в марте, а ведь уже начало июня»: я не могу смириться с тем, что мой муж разговаривает со мной о погоде. Я не могу смириться с тем, что нам больше нечего сказать друг другу. И это после всех усилий, приложенных мною для поддержания увлекательных разговоров на разнообразные темы.

«В последнее время с погодой творится полная ерунда. Прохладно, как в марте, а ведь уже начало июня»: сегодня у меня есть доказательство этого. Мы были ракетой, летящей в космос, наша любовь была неподвластна земному притяжению. А теперь мы похожи на товарный поезд, медленный, тяжелый и монотонный.

Вытираю слезы и ищу в себе смелость подняться в спальню. Я часто задаюсь вопросом, специально ли мой муж ложится спать первым, чтобы ему не приходилось выключать за собой свет. Этим вечером для освещения комнаты я использовала все, что смогла найти (три свечи и небольшую лампу), поскольку во второй половине дня упал и разбился основной светильник; что ж, по крайней мере он больше не испортит нам ни одного вечера своим чересчур ярким освещением.

Я пользуюсь случаем, чтобы написать несколько строк в блокноте. Разумеется, я упоминаю о том, как он только что на диване убрал свою руку с моей руки, как вынул из кармана мобильный телефон, когда я была рядом с ним. И вновь я нахожу успокоение в процессе письма.

Перед тем как подняться наверх, я захожу в туалет на первом этаже. Это настоящее спасение. На втором этаже он находится совсем рядом с нашей спальней, из-за чего я вынуждена спускаться на первый этаж под предлогом того, что хочу заварить себе травяной чай, взять недочитанную книгу; или же я говорю, что забыла включить посудомоечную машину. Потому что даже после пятнадцати лет совместной жизни я предпочитаю солгать, довести себя до болезни, опоздать в лицей или в ресторан, только бы мой муж не услышал, как я иду в туалет.

Каждую ночь — одно и то же. В момент, когда я готова заснуть, мое тело начинает чесаться; словно некое насекомое перемещается по моей коже быстрее, чем мои ногти. С тех пор как я встретила моего мужа, мне трудно заснуть. Моя любовь становится особенно тревожной именно тогда, когда я пытаюсь забыться сном. Хотя я считала, что брак будет самым сильным снотворным: я уже представляла себя довольной, светящейся счастьем молодой женой, которая засыпает по вечерам за считаные минуты, исполненная невиданного спокойствия, с прекрасным цветом лица (по моей мысли, схожим с цветом лица беременных, но я и здесь ошиблась). Я возлагала на этот союз большие надежды, думая, что он развеет все мои страхи, особенно ночные. Я полагала, что это обязательство подтвердит любовь моего мужа ко мне, навсегда удостоверит ее подлинность, как ювелир, осматривая колье, произнес бы: «Да, мадам, я уверен, что это золото».

В действительности замужество меня не успокоило. В то самое мгновение, когда мы сказали друг другу «да», я осознала, что мой муж всегда может развестись и уйти. Тогда я надеялась, что со мной он решится на покупку дома, затем — что захочет сделать мне ребенка, будучи уверенной, что эти поступки будут более серьезными, нежели договор, подписанный в мэрии, или обещание, данное перед Богом. Я начала постоянно ждать следующего этапа. Я открыла для себя мир доказательств любви, в котором повсюду царило обязательство, но нигде не было любви. В итоге, после нашей первой встречи прошло пятнадцать лет, но я все так же плохо сплю.

За исключением необъяснимого зуда и всепоглощающей страсти к моему мужу, у меня вполне обычная жизнь. Ничего настораживающего: ни эксцентричности, ни странностей, ни явных признаков, которые могут свидетельствовать о расстройстве личности. Я сбалансированно питаюсь, не тревожусь сверх меры за моих детей, с легкостью получаю удовольствие от секса, не страдаю ипохондрией. Друзья меня обожают, коллеги — ценят, я не имею особых сексуальных фетишей, я не боюсь оставаться одной дома по вечерам, я простила родителей за их ошибки, у меня близкие отношения с сестрами, я не завистлива, не рассеянна, у меня нет проблем с алкоголем, да и курю я лишь от случая к случаю. Но я безумно люблю моего мужа и мучаюсь от зуда перед сном.

Чтобы успокоиться, я три-четыре раза тихо повторяю имя моего мужа, словно краткую молитву. Поскольку этого оказывается недостаточно, я выбираю вопрос — это упражнение для мозга, которым я занимаюсь с детства. Со временем сложность вопросов возрастала, но принцип оставался прежним: нужно придумать вопрос и искать на него ответ, пока не заснешь.

В детстве, например, я спрашивала себя: если бы мне потребовалось составить список пяти лучших подруг, кто бы в нем оказался и в какой последовательности? Если бы я могла обменяться с кем-нибудь мамами, кого бы я выбрала?

В подростковом возрасте я погружалась в другие мечты: если бы в течение одного дня я могла покупать все, что хочу, в какие магазины я бы пошла? Если бы я могла изменить три составляющие моей внешности и позаимствовать их у трех девушек, с кем бы я решила поменяться носом или ягодицами?

Став молодой женщиной, я продолжила задавать себе вопросы: если бы я могла жить в доме моей мечты, как бы он выглядел? Затем каждый вечер я представляла себе по одной комнате: кухню, гостиную, ванную, спальню... Пока полностью не сооружала в мыслях идеальное место. Я также много размышляла о том, кто однажды станет *моим суженым*. Перед сном, лежа в постели, я составляла его портрет: будет ли он брюнетом или блондином? Если бы мне пришлось выбирать профессию будущего мужа, кем бы он был? Актером или инженером? Врачом или музыкантом?

В настоящий момент у меня есть несколько вопросов, которые помогают мне по вечерам засыпать: если бы я проснулась завтра в возрасте десяти лет с теми знаниями, которые имею сегодня, прожила бы я жизнь иначе? Если бы я могла обладать одной магической способностью, какой бы она была?

Единственное, что не вызывает сомнений: если бы я проснулась завтра утром маленькой девочкой, какой была в десять лет, то получила бы хорошее образование, стала бы астрофизиком или космонавтом, выучила бы латинский и греческий языки, выиграла бы чемпионат по фехтованию. А главное — никаких влюбленностей в школе, парней в подростковом возрасте, романов до замужества. На любовь я бы больше не потратила ни минуты.

Этим вечером я подумала, что, если бы у меня была одна магическая способность, я бы выбрала способность управлять сновидениями. Я смогла бы придумывать самые страшные кошмары для тех людей, которые мне угрожают, смогла бы вмешиваться в сны моего мужа, чтобы сниться ему каждую ночь. Я бы поместила в его подсознание страх меня потерять; я бы построила мир, в котором ухожу от него к другому мужчине, а он умирает от горя. Я бы продемонстрировала ему мое идеальное тело, чтобы он никогда не переставал хотеть меня. Я бы показала ему наш дом в наилучшем свете, чтобы он захотел остаться в нем. Я бы вложила в каждую из его ночей наши самые удачные фотографии, чтобы он продолжал меня любить.

Но у меня нет этой способности. Поэтому сегодня вечером я разговариваю с ним, пока он спит. Склонившись над его ухом, я шепчу, что он не сможет жить без меня. По его дыханию я понимаю, что он спит, вижу его лицо, закрытое сном. Тем не менее я знаю: когда он проснется, мои слова сделают свое дело. Например, младенец слышит, как его родители ссорятся или любят друг друга: он лежит в своей кроватке и не видит дальше кончика носа, однако доносящиеся издалека разговоры запечатлеваются в глубине его сознания.

Теперь дыхание моего мужа похоже на шум моря: его волны нарастают, уходят и возвращаются. Его вдохи и выдохи с достоверностью рисуют передо мной горизонт, а я продолжаю нашептывать ему собственные сны, которым лишь ночь свидетель.

Четверг

Этой ночью я проснулась от того, что муж гладил меня по плечу. В темноте спальни я услышала, как он несколько раз сказал, что любит меня. Он повторял: «Я тебя люблю, я так сильно тебя люблю, я тебя люблю». Моя мечта стала реальностью.

Полежав какое-то время без сна, я заметила, что мы вдыхаем и выдыхаем в одном ритме. При том, что в состоянии бодрствования мы дышим не с одинаковой скоростью (я уже проверяла). У нас разный рост, его легкие крупнее моих — им определенно нужно больше воздуха. Наше дыхание, должно быть, ночью синхронизировалось: мое участилось, а его постепенно замедлялось и в конце концов слилось с моим. Существует ли большее проявление любви, чем два дыхания, совпадающие во время сна?

И это вовсе не ерунда. На эту тему опубликованы очень серьезные статьи: жизнь в паре меняет биоритмы человека — частоту сердцебиения, скорость дыхания, время пищеварения. Именно по этим физиологическим причинам я иногда так болезненно переношу отсутствие моего мужа: меня ломает.

Этим утром я была приятно удивлена температурой воды в душе: она оказалась непривычно теплой. Я вспомнила прошлый вечер — мой муж точно мылся последним. Неужели он захотел сделать то же самое, что сделала я во вторник утром? То есть воспользоваться такой водой, температура которой наиболее комфортна для меня, чтобы вслед за мной погрузиться в мой водный мир? Я обрадовалась, что ему в голову пришла та же мысль, что и мне. Я и забыла, каким заботливым может быть мой муж, когда захочет.

Воодушевленная его полуночным признанием и температурой воды в душе, я, не открывая ставен, решительно одеваюсь в темноте: мой муж сделал шаг мне навстречу — в свою очередь я готова сделать над собой усилие. Выбираю длинную желтую юбку и удовлетворенно отмечаю, что цвет моей одежды сочетается с цветом наступившего дня.

Что же, я с радостью начинаю мой желтый четверг. Мне хочется есть. Я готовлю себе плотный и сладкий завтрак (я ем сладкое, только когда у меня хорошее настроение): два ломтика хлеба, намазанные толстым слоем масла и джема, которые я макаю в пиалу с теплым какао. Я даже очищаю от кожуры два мандарина (моя радость слегка заглушила мою обиду на этот фрукт).

Я не реагирую, когда мой муж обращается ко мне из спальни. Я прекрасно расслышала его вопрос, но делаю вид, будто ничего не произошло; тяжело, но так надо. На самом деле, когда я действительно не слышу того, что он мне говорит, я невольно переспрашиваю. Для меня невыносимо сознавать, что его слова, обращенные ко мне, растворились в воздухе. А вдруг он сказал что-то важное?

Через несколько месяцев после нашего знакомства он отправился в путешествие по Азии, и я помню его телефонные звонки. Связь была настолько плохой, что во время каждого разговора я не разбирала большую часть произносимых им слов. Поскольку я могла попросить повторить лишь некоторые из них (иначе я бы выглядела глупо, бесконечно переспрашивая), мне пришлось смириться с тем, что некоторые из них затерялись, оставшись бесповоротно забытыми в подводных телефонных кабелях где-то между побережьем Индии и Египтом.

Людям, которые разлюбили друг друга, нет дела до нерасслышанных слов. Они безболезненно воспринимают свое общение как текст с пропусками, говоря себе: ничего страшного не произошло, заполню их позже. Я считаю, что потребность в полноте, когда боишься упустить хоть одно слово, — это самый верный признак любви.

В последний раз поправляю прическу перед большим зеркалом в прихожей. На комоде лежат наши ключи в керамической тарелке, мелочь, тюбик губной помады, два приглашения на крестины и мой блокнот с научной терминологией, который я повсюду искала во вторник. Как я могла не заметить его? В действительности я знаю, почему не увидела его, и, вспомнив причину своей невнимательности, невольно улыбаюсь.

Улыбка не сходит с моего лица до самого лицея. Я преподаю более уверенно, перемещаюсь между рядами парт энергичнее, чем обычно, говорю громче. Я более старательна, сильнее вовлечена в учебный процесс и более терпелива; даже мой акцент кажется мне более легким, а надписи, сделанные мною на белой доске, — более ровными. Воздух в классе мне кажется более насыщенным, а кислород — более питательным.

На перемене мне позвонил мой муж. Я не ответила на его первые два звонка (опять же, это тяжело, но так надо). Спустя пять минут я перезвонила ему и напомнила, что сегодня вечером в лицее состоится педсовет, в котором я буду принимать участие, поэтому он должен отвезти детей в музыкальную школу после уроков.

Мое хорошее настроение заразительно. Мне говорят, что я отлично выгляжу, делают комплименты моей юбке. Обедаю с коллегой, которая мне симпатична. Мы обсуждаем наших учеников (это интересно), наших мужей (это мой любимый момент), наших детей (разговор сразу же становится менее интересным).

Моя радость объясняется признанием в любви, которое мой муж сделал мне этой ночью, но широкая улыбка, с утра держащаяся на моих губах, также является подарком четверга. Четверг похож на второй понедельник. Это возобновление, конец антракта, пловец, который, оттолкнувшись ногой о стенку бассейна, переворачивается и плывет в другую сторону, обеденный привал, устроенный в середине похода.

Затем ровно в тринадцать часов меня охватывает сомнение. Сомнение разрушительное, гипертрофированное. Что произошло этой ночью? Действительно ли мой муж произнес эти слова? Не приснилось ли мне все это? Я прекрасно помню: «Я люблю тебя, я так сильно люблю тебя, я люблю тебя». «Я люблю тебя», затем «я так сильно люблю тебя» и снова «я люблю тебя». Я все еще отчетливо слышу его голос. В этот раз я не могла ошибиться. Не могла так долго пребывать в грезах.

Sweep me off my feet please,
Sweep me off my feet now.

Мы с моими учениками размышляем над переводом этих строк. Это упражнение является наиболее сложным: когда в языке, на который переводят, отсутствует точный эквивалент, но при этом нужно любой ценой перевести непереводимое, приходится как-то выкручиваться.

Sweep me off my feet. Если переводить слово в слово, получится «сбей меня с ног», но это бессмыслица. Скорее следует понимать: «опрокинь меня», но тогда теряется понятие ног и привязки к земле. Другой вариант: «выбей у меня почву из-под ног», но на сей раз от нас ускользает падение. Невозможно все втиснуть в одно выражение. *Sweep me off my feet*: сдвинь меня с места; заставь меня потерять равновесие и упасть; оторви меня от земли; выкорчуй меня. Расшатай все, что помогало мне до сих пор стоять. Толкни меня, я хочу рухнуть и быть свидетелем своего падения. Это просьба, высказанная повелительным тоном: *Sweep me off my feet, please.* Влюби меня в себя, пожалуйста. *Sweep me off my feet, now.* Влюби меня в себя немедленно.

В этой фразе рассказывается о мгновении, которое непосредственно предшествует встрече, опрокидыванию, происходящему, когда мы вызываем любовь. Ведь любовные чувства не возникают из ниоткуда, какими бы неожиданными они ни казались. Необходимо, чтобы мы, хотя бы подсознательно, были готовы встретить кого-то.

Именно это состояние нетерпения мы и обсуждаем с моими учениками.

Я специально выбираю тексты, в которых говорится о любви или об экзистенциальных дилеммах, поскольку полемика, которую они вызывают у моих учеников, обогащает мой внутренний мир. В период между пятнадцатью и восемнадцатью годами чувства обостряются до предела — это возраст первых романтических увлечений. Поэтому мои ученики намного лучше, чем их родители, понимают суть дела. Таким образом, я могу с уверенностью ожидать в течение недели несколько оживленных дискуссий. Мне кажется, что вне лицея я веду разговоры лишь о хлебе насущном и практической стороне жизни (путешествия, дизайн интерьера, составление меню, школа частная или государственная). Факт тот, что взрослые чаще говорят между собой о домашних заботах, чем о метафизике.

Sweep me off my feet please,
Sweep me off my feet now...

Я неспроста выбрала этот текст. Именно под эту песню мы познакомились с моим мужем. Я без особого энтузиазма согласилась пойти с подругой на концерт неизвестной мне английской группы. Музыка была очень громкой, мы почти не слышали друг друга, но когда незнакомец наклонился ко мне, чтобы представиться, я мгновенно влюбилась в него. Его имя показалось мне добрым предзнаменованием: одновременно многообещающим и обнадеживающим — именем возлюбленного и мужа. Дальнейшая жизнь подтвердила мою правоту. Наша первая встреча была поистине прекрасной, поэтому иногда мне кажется, что наш брак являет собой бесконечный комментарий к ней.

Пока мы обменивались нашими самыми первыми словами (неужели было время, когда мой муж и я сказали друг другу всего десять слов, от этой мысли у меня дух захватывает — сколько же слов мы произнесли за эти годы?), певец повторял под гитарные риффы слова, которые навсегда остались в моей памяти: *Sweep me off my feet please, Sweep me off my feet now.*

В тот вечер мой муж был с одним из своих друзей. Я часто вспоминаю этого мужчину, которому посчастливилось присутствовать при нашем знакомстве. Как бы мне хотелось увидеть эту сцену его глазами! Мог ли он уже тогда предвидеть, какую важность эта встреча будет иметь для нас обоих? Существуют ли внешние признаки, по которым можно отличить мимолетные встречи от судьбоносных? Наэлектризовался ли вокруг нас воздух до такой степени, что стал способен воспламениться от малейшей искры?

Годом позже этот человек погиб в автокатастрофе. Поэтому я так и не смогла услышать его версию событий. Часть истории о происхождении нашей пары — важнейший аспект нашей любовной космогонии — была украдена у меня. Возможно, его смерть объясняет некоторые трудности, с которыми я впоследствии столкнулась в отношениях с моим мужем: как узнать, куда идешь, если не знаешь, откуда вышел? Поэтому, чтобы восполнить недостаток информации, я ежегодно разбираю с моими учениками слова этой песни и не оставляю попыток разгадать тайну, которую неизменно представляет собой встреча мужчины и женщины.

Заканчиваю перевод церемонии обмена свадебными клятвами, который мы с моим классом начали в понедельник. Слово «Да» (*I do*) всегда производит одинаковый эффект, хотя я замечаю, что девочки к нему более восприимчивы, чем мальчики.

— *It's a beautiful declaration of love. The woman seems very in love with her husband*[1], — прокомментировала одна из учениц.

Хорошо, что я сохранила свадебные клятвы, которые написала тринадцать лет назад для моего мужа: это дает моим ученикам прекрасную возможность поупражняться в переводе и отработать употребление вспомогательного глагола. Я не смогла произнести эти клятвы в день

---

[1] Это прекрасное признание в любви. Эта женщина, похоже, очень влюблена в своего мужа (*англ.*).

свадьбы, хотя потратила несколько месяцев на их написание и на сбор материалов. Я проштудировала около пятидесяти статей, прочитала десятки книг на эту тему, посмотрела бесчисленное количество романтических комедий, записывая в толстый блокнот свои соображения и наброски; было бы глупо ничего с этим не делать. Любовную неудачу я превратила в педагогический успех: кто может укорить меня за то, что я умею приноравливаться к обстоятельствам? Чем больше педагог личностно вовлечен в содержание урока, тем эффективнее будет обучение.

Мы с моим мужем поженились в замке среди виноградников. Именно о такой свадьбе я мечтала, когда была маленькой девочкой: несколько сотен гостей, мои светлые волосы собраны в изящный пучок, роскошное платье, которое колышется при каждом движении, столы, освещенные в темноте разноцветными фонариками. У меня, разумеется, были некоторые опасения: мои родители, простые люди, оказались за одним столом с буржуазной родней моего мужа; но в конце концов, даже если мои свекор со свекровью чувствовали себя неловко, они не подали виду.

Увлекаясь с детства англосаксонской культурой, я очень хотела, чтобы состоялся обмен клятвами: речь, написанная рукой моего мужа, в которой он объяснил бы, почему так счастлив жениться на мне (я даже подумала, что мы могли бы вставить наши тексты в рамки, чтобы позже повесить их в спальне). Для меня было немыслимо, чтобы мой муж не выразил публично свои чувства ко мне. Будучи по натуре интровертом, он никогда не высказывался о причинах своей любви. Так какой смысл выходить замуж, если свадьба не была для моего мужа поводом для признания мне в любви? Я уже тогда понимала, что оно будет мне необходимо в вечера сомнений.

Мне потребовалось несколько недель, чтобы решиться поговорить об этом с моим будущим мужем, а затем с его родителями. Четыре столпа католического брака, клятвы, произнесенные перед священником: я отношусь к этому с уважением, хотя и без особого пиетета. Но в них ничего не говорится ни о любви, ни о пылкой страсти, ни об ответственности. Мне хотелось, чтобы обмен клятвами происходил так, как показывают в американских фильмах. Моя свекровь удивилась (у них так не принято), но прислушалась к моему пожеланию, чтобы меня не обидеть. Я объяснила, что это важно для меня (я даже чуть не придумала себе предков из США, чтобы оправдать свою приверженность к этой традиции). В итоге родственники со стороны мужа предложили обменяться клятвами до начала свадебного застолья во время речи свидетелей.

В день свадьбы, казалось, все складывалось прекрасно: платье, погода, состояние моей кожи.

Как и планировалось, перед ужином свидетели произнесли свои речи, в которых перемешались юмор и нежность (этого требует жанр). Затем пришло время обменяться клятвами. Мой муж взял в руки микрофон, поблагодарил наших близких за присутствие, а также вспомнил о тех, кто не смог быть с нами в этот вечер. После чего обратился ко мне:

— Для моей жены было важно, чтобы мы, воспользовавшись моментом, поделились радостью оттого, что мы вместе. Чтобы прочитали эти слова вслух перед нашими родственниками и друзьями. Итак: я люблю тебя, моя жена. Я всегда буду любить тебя. Я — самый счастливый мужчина, потому что встретил самую красивую женщину на свете.

Аплодисменты. Слезы в глазах наших родителей. Я держу в руке клятвы, на написание которых у меня ушло несколько месяцев. Мой муж протянул мне микрофон, но я не стала расправлять скомканный лист бумаги. Он произнес всего несколько слов, было бы смешно, если бы я прочитала свой текст (я тренировалась и рассчитала время: чтение заняло бы семь минут). Поэтому я еще раз поблагодарила гостей за то, что они пришли, и довольно сухо сказала моему мужу, что счастлива стать его женой и буду любить его всегда. Я была ошеломлена. В тот день я не смогла ничего сказать ни о прелести нашей первой встречи, ни о наших бесконечных разговорах на террасах кафе в последующие месяцы, ни о вечере, когда мы танцевали среди картонных коробок в новой квартире.

«Я — самый счастливый мужчина, потому что встретил самую красивую женщину на свете»: мне бы хотелось, чтобы он не сводил меня к моей внешности, чтобы отметил мою яркую индивидуальность или, например, мой тонкий ум. Всем известно, что красота не вечна, в отличие от брачных уз.

«Я люблю тебя, моя жена. Я всегда буду любить тебя»: лаконично и сдержанно. Эти два слова так подходят ему, и в этом произнесенная им клятва была на него похожа (если это можно назвать клятвой).

Лаконично и сдержанно, пусть так. Но я-то мечтала об обстоятельности и изобилии. В тот момент я подумала, что он, возможно, слишком молод и незрел для женитьбы. Должно быть, он не сформулировал глубинных причин своей любви ко мне потому, что все еще не постиг их? Он счел меня красивой и нежной: может, этого было для него достаточно, и потому он не стал задаваться никакими вопросами?

«Я люблю тебя, моя жена. Я всегда буду любить тебя» звучит прекрасно, но, на мой взгляд, слегка слабовато для обещания, которое дается один раз в жизни. Я всерьез задумалась, осознал ли он меру ответственности, которую взял на себя, женившись на мне.

У меня всякий раз щемит сердце, когда после часового урока я включаю мобильный телефон и обнаруживаю, что мой муж не звонил мне. Тогда я решаю сделать это сама. Пока раздаются гудки, у меня повышается артериальное давление, учащается сердцебиение, выбрасывается в кровь адреналин под воздействием амигдалы. Мне просто необходимо знать: любимый, действительно ли этой ночью ты сказал, что любишь меня?

Он ответил. Мы поговорили несколько минут. Нарочито отстраненным тоном рассказываю ему о своем последнем уроке на сегодня, а затем отваживаюсь коснуться главного. Напоминаю ему о его признании. Мой муж не понимает, о чем идет речь. Я уточняю. Я до такой степени унижаюсь, что спрашиваю напрямую: «Ты говорил мне этой ночью, что любишь меня?» Последовал ответ. Резкий и окончательный. «Нет».

Мне так хотелось, чтобы он об этом вспомнил. Мне так хотелось, чтобы это было правдой. Проблема в том, что я часто слышу, как мой муж признается мне в любви. В прошлом месяце это тоже было. Я спросила его, помнит ли он разговор, который состоялся между нами в ванной комнате тем утром. Поскольку он не понял моих намеков, мне пришлось пояснить: «Ты действительно сказал, что любишь меня, когда я заканчивала наносить макияж?» Мой муж ответил удивленно и смущенно: «Нет, я ничего подобного не говорил». Должно быть, мой влюбленный мозг перепутал «ты готова?» с «я тебя люблю». Временами мне слышатся его признания в любви по нескольку раз на дню.

В это мгновение радостно-желтый цвет этого утра предстает передо мной таким, какой он есть на самом деле. Это желтый цвет не естественного дневного света, не солнца и фотосинтеза, но искусственного света электрической лампочки. Это желтый цвет обмана, адюльтера и лицемерия. Как я могла так глупо позволить этой желтой утренней радости ввести себя в заблуждение?

Достаю блокнот, который решила взять с собой. Хотя утром я была на седьмом небе от счастья, но уже предвидела, насколько недолговечным оно может оказаться, поскольку привыкла к неожиданным изменениям любовной погоды нашей пары. Написав авторучкой одну строчку, я сразу понимаю, что мне следует делать. Я вновь перечитываю сообщение, которое оставила без ответа два дня назад, затем пишу: «Да, я буду там в 17:30».

Затем достаю другой, зеленый блокнот — тот, из которого я черпаю не столько способы пережить огорчения, которые мне причиняет мой муж, сколько советы и вдохновляющие фразы о любви: быть загадочной, не давить на него, оставаться неуловимой. Списки и заголовки, которые я подчеркнула красным, придают мне смелости пойти на свидание.

Благодаря моей помаде вишневого цвета от люксового бренда (которую я выбрала из-за ее названия *Soul mate* — «родственная душа») и отчаянному стуку моих каблуков по полу я выхожу из лицея, наполненная новой уверенностью. По дороге я с болью вспоминаю о том, что наша с мужем первая встреча состоялась в четверг. Как бы мне хотелось познакомиться с ним в понедельник (мой любимый день) или в пятницу (мой счастливый день), а так наше знакомство с самого начала характеризовалось неоднозначностью, присущей этому цвету: я встречу свое солнце, и этот день навсегда останется для меня радостным воспоминанием; в то же время желтый несет в себе предупреждение о возможном предательстве.

В кафе я пришла чуть позже 17 часов 30 минут (я без зазрения совести опаздываю, если встречаюсь не с моим мужем). Максим уже ждал меня внутри — несмотря на жару, он не захотел садиться на террасе, где его могли увидеть (он тоже несвободен). Больше мне ничего не пришлось делать, Максим позаботился обо всем: дал знак официанту подойти принять заказ, при необходимости находил интересные темы для разговора, сделал комплимент моей юбке, спросил, не хочу ли я еще что-нибудь выпить, когда опустел мой бокал. Он из кожи вон лез, чтобы соблазнить меня. Неужели я произвожу на моего мужа такое же впечатление из-за того, что прилагаю слишком много усилий, хочу слишком правильно все сделать? Максим действует топорно. Я ему несомненно нравлюсь. Почему он не притворяется? Почему не играет в неприступность? Неужто он тоже ничему не научился?

Как он ни старается, ему не удается заинтересовать меня собой. Мой муж думает, что я на педсовете, у меня есть как минимум три часа — они будут тянуться вечность, если мне придется все это время слушать Максима. Я невольно постоянно сравниваю его с моим мужем. Он никогда бы не стал говорить о наших детях в таких выражениях. В отличие от Максима он называет их не «моя младшая» и «мой старший», а по именам, предварительно уточнив, что сын — наш старший ребенок. Мой муж никогда не заказывает эспрессо в это время суток и не носит рубашки с короткими рукавами даже летом. Я невольно их сопоставляю: у этого мужчины более красивые глаза, зато мой муж выше ростом. Что бы я ни делала, мой муж — мой эталон, моя шкала измерения, мой уровень моря.

Я смотрю на Максима в упор, чтобы избежать необходимости говорить. Мне по большому счету нечего ему сказать, — кроме того, молчание всегда придает мне загадочность. К тому же внешность Максима не вызывает у меня отторжения: у него красивые медово-зеленые глаза. Его взгляд сразу же поразил меня, когда я познакомилась с ним на родительском собрании. Он был одним из немногих присутствовавших на нем отцов учеников.

У меня есть только одно желание: выпить рюмку текилы, чтобы набраться смелости. Но я, как и он, заказала минеральную воду «Перье». Несмотря на то что я с утра ничего не ела, сейчас не время отступать. Я флиртовала с ним по переписке в течение нескольких месяцев. И я уже согласилась встретиться с ним в кафе, нельзя на этом останавливаться — такое я себе установила правило. Поэтому кладу руку ему на бедро.

Мой устремленный на него взгляд и моя рука, лежащая слишком высоко на его бедре, посылают ему сигналы, неподвластные моему контролю. Внезапно я осознаю, что сексуальное влечение этого мужчины ко мне настолько велико, что его не удовлетворят ни поглаживание колена, ни томные взгляды. Уже слишком поздно. На данном этапе ему уже не нужны мои губы, которые он, между тем, ни разу не поцеловал. Поцелуй был бы малым выигрышем в этой чересчур затянувшейся игре. Поэтому, продолжая разговаривать, он провел рукой по моей юбке, добрался до моих трусиков, сдвинул их набок и ввел в меня палец. Я напряглась, несмотря на наличие у меня явного возбуждения, которое стекало по его пальцам.

Максим забронировал номер в отеле неподалеку от вокзала. Войдя в него, я машинально обогнула кровать и направилась к окну. Через стекло наблюдала за прохожими, за влюбленными парами, расположившимися на террасе ресторана на углу. Максим вывел меня из состояния задумчивости: «С чего вдруг ты сразу устремилась к окну? Ищешь аварийные выходы, как в самолете? Уже хочешь сбежать? Ты знаешь, что можешь уйти, когда пожелаешь, ты мне ничем не обязана».

В постели меня удивила сила его прикосновения к моей руке — оно было не сильным, но и не легким: думаю, Максим ласкал меня. Мой муж не очень тактильный человек. Ему не нравятся долгие объятия, и люди, которые дотрагиваются до него, как правило, доставляют ему дискомфорт. Разумеется, между нами бывает физический контакт, он держит меня за руку и целует в лоб; напротив, я не могу сказать, что длительное возвратно-поступательное движение на моем теле является составной частью нашего общения. Мой муж предпочитает, чтобы я стояла на четвереньках, когда он занимается со мной любовью, но мне кажется, что он никогда не гладил меня по руке. У меня бегут мурашки по коже от прикосновения ладони Максима. Наверняка он на этом не остановится (мое тело все еще помнит его палец во мне), но пока он лишь касается моего плеча, а у меня перед глазами уже проносятся самые неприличные картинки. Звучит нелепо, но это правда: одна лишь рука Максима на моей руке кажется мне более непристойной, чем все порнографические изображения из интернета.

Секс с Максимом — это череда сюрпризов. Я удивлена, как мои гениталии плавятся под его языком. Я удивлена, когда, надевая презерватив, он спрашивает меня, не передумала ли я. Я удивлена формой его члена — твердого и заостренного, как нож (ракушка), почти пронзающего насквозь.

Мы перекатываемся взад-вперед по постели. Чем больше мы занимаемся любовью, тем сильнее я его хочу; его присутствие во мне нисколько не утоляет моего желания — наоборот, оно возрастает. Мы взбираемся друг на друга, цепляемся друг за друга, а главное — разговариваем друг с другом. Он шепчет мне на ухо скабрезности: ему нравится видеть, как я возбуждаюсь, кончаю, стону. Ему нравятся мои груди и моя задница. Его пошлость вызывает у меня чувство неловкости. Я не должна заниматься любовью так, как это принято у буржуа, — сам он совсем не похож на буржуа. Он напоминает мне парней из моего района, с которыми я спала в юности.

У Максима не вызывает отвращения мое желание, мои выделения, мои стоны, мои ответы невпопад. Он выходит из меня для того, чтобы снова погрузить свой язык между моих ног, затем — в мой рот; затем свои пальцы, затем свой язык, затем снова свой член — в мой рот. Я не знала, что можно все так перемешивать, менять порядок. Он сказал мне, что возбуждается от вида моих пальцев с идеальным маникюром на своем члене. Полагаю, что и от моего крупного бриллианта — тоже.

Войдя в меня, он утыкается носом мне в шею, а руку кладет мне на голову. Спустя несколько минут я понимаю, что он хотел тем самым защитить меня. Когда я перевернулась на спину, Максим находился сверху, и я не заметила, что почти задеваю макушкой угол деревянной тумбочки, встроенной в изголовье кровати. Он положил руку мне на голову во избежание удара. Я потрясена.

Я разразилась слезами, которые не подпадали ни под одну известную мне категорию. Это ни красные слезы ярости, ни прозрачные слезы грусти. Эти слезы похожи на водопад, на огромные плотины Южной Америки, которые я никогда не видела. Я оплакивала континент, на котором никогда не бывала.

Максим извиняется, протягивает мне носовой платок, который принес из ванной комнаты. Через несколько минут я с трудом проговорила: «Ты положил мне руку на голову, чтобы я не ударилась».

Он молча стоит со свисающим между ног членом. Глядя на льющиеся ручьем из моих глаз слезы, он, должно быть, думает, что стал свидетелем внезапного раскаяния замужней женщины или приступа сильной тревоги. Он не может понять, что рука, положенная мне на голову, может вызвать такую скорбь: «Я не хотел допустить, чтобы ты ударилась...»

Максим протягивает мне стакан воды. Я постепенно перестаю плакать, по мере того как пью, словно только вода — жидкое лекарство — могла мне помочь, залив мои водопады слез.

— Ты слишком чувствительная, да? — наконец произнес он, поглаживая меня по спине.

Мои мышцы постепенно расслабились, я вновь обрела спокойствие. Спустя несколько минут я легла задом-наперед на кровати, головой к изножью.

— Составишь мне компанию на Северном полюсе? — спросила я Максима с улыбкой.

Он засмеялся, схватил две подушки и, распахнув настежь окно, лег рядом со мной. Картина была безмятежной: лучи вечернего солнца падали на постель, доносился размеренный шум приезжающих и уезжающих пригородных поездов, из окна нашего номера, расположенного на третьем этаже, потянуло последождевой свежестью. Рука Максима снова лежала на моей руке (порнографическое изображение), я чувствовала кожей невероятно мягкое одеяло. (Что придает постельному белью в отелях такую мягкость? Стиральный порошок, который они используют в промышленном масштабе? Или огромные стиральные машины, в которых все кипятится при ста градусах? А может, сушилки, из которых белье достают настолько горячим, будто из печи?)

Ласковое солнце светит мне в лицо, я почти задремала, убаюканная шумом поездов. В присутствии Максима меня неудержимо клонит в сон. Доказательство того, что между нами ничего нет: когда любишь, хочется еще и разговаривать, видеться, быть вместе. Когда мы спим, мы отказываемся от другого; уснуть — значит чуть-чуть разлюбить. Вот почему я всегда сердилась на моего мужа из-за то, что он так быстро засыпал рядом со мной.

Максим, убрав пальцы с моей руки, водит ими по моим соскам, вокруг пупка, между бедер. Я тоже начинаю ласкать его, но он останавливает меня. «Не двигайся. Расслабься». Взамен он просит лишь об одном: смотреть на меня во время ласк. Я несколько минут пристально смотрю ему в глаза, а затем, в преддверии оргазма, утыкаюсь ему в шею. Я боюсь, что он ускользнет от меня, утечет между своими же пальцами, поэтому прошу его не останавливаться, ускориться. Когда я начинаю стонать, он приказывает мне: «Ну же, кончай». Мне впервые говорят нечто подобное. (Разумно ли требовать от кого-то достижения оргазма? По-видимому, да. Во всяком случае, это работает.) Я кончаю под его пальцами, зарывшись лицом в подушку. На сей раз ему даже не понадобилось стягивать с меня трусики.

Когда я застегивала бюстгальтер, Максим нежно спросил меня:

— Ты знаешь, что у тебя есть подозрительная родинка на пояснице? — Потом с неловкостью продолжил: — Я не врач, но, возможно, тебе следует показать ее кому-то, у нее странный, почти фиолетовый цвет.

Я сгораю от стыда. Максим подумает, что никто не смотрит на мою спину. Он подумает, что мой муж перестал заниматься со мной любовью. Он подумает, что я — одна из тех замужних женщин, к которым мужья не прикасаются месяцами. Он подумает, что именно поэтому я оказалась с ним в этом номере отеля. Он фотографирует родинку на телефон, чтобы показать ее мне. Она действительно странного цвета. Я благодарю его, заверив, что обязательно пойду к врачу. Затем удаляю фотографию из его телефона (я не забываю о том, что наша связь незаконна). И тогда натыкаюсь на фотографию его жены.

Извиняюсь за нечаянное вторжение в его личную жизнь: я не думала, что при удалении последней фотографии автоматически может отобразиться предыдущая. Максим покраснел и был вынужден подтвердить мысль, которую у меня не хватило смелости выразить вслух:

— Да, это Клеманс, моя жена.

Его жена очень привлекательна (получается, изменять можно и очень привлекательной женщине — еще один повод для беспокойства за сохранность моего брака). Они запечатлены на террасе ресторана; его жена держит в руке бокал красного вина, на ней нарядное желтое платье, она улыбается в объектив. У моего мужа нет ни одной моей фотографии в телефоне. Поэтому мне трудно восстановить картину событий: какое стечение более-менее случайных обстоятельств привело к появлению этой фотографии? Что могло произойти тем вечером между Максимом и его женой, чтобы дошло до этого? Они только что закончили с основным блюдом, ждут меню десертов, и вдруг он говорит себе: «Моя жена сейчас так прекрасна, что я непременно должен увековечить этот момент. Я хочу навсегда сохранить воспоминание о ее улыбке в лучах заходящего солнца». А может, это она предложила сделать фотографию, чтобы отправить ее в их семейную группу в Ватсапе? Или друзьям, которые посоветовали им этот итальянский ресторан в центре города, чтобы таким образом ненавязчиво поблагодарить их? Нет, Клеманс улыбается искренне, слегка склонив голову набок (она с нежностью смотрит на мужа — похоже, эта фотография адресована только ему). Я также замечаю, что она уже давно не посещала парикмахера: она не попросила его сфотографировать ее новый цвет волос, чтобы показать его подруге. Ничего подобного. Думаю, Максим спонтанно сфотографировал жену, потому что ему этого хотелось.

Пока Максим принимал душ, я взяла в руки его телефон: много ли у него фотографий жены? Я имею в виду: именно фотографий жены, а не семьи. Ее одиночных фотографий, без детей, сделанных с помощью мобильного телефона во время их совместного времяпрепровождения по его собственной инициативе, лишь с целью сохранить воспоминание о ней. Но его телефон был заблокирован, а я не знала пин-код. После трех неудачных попыток он заблокировался на несколько минут. Прежде чем уйти, я сказала пару слов Максиму через дверь ванной комнаты.

Отель я покидала с легким сердцем. Я хорошо провела время, хотя и знаю, что это *понарошку*.

как говорят дети. Было приятно, но это ничего не значит. Эта связь не будет ни плодотворной, ни продуктивной: ни ребенка, ни брака, ни украшения не последует после этого вечера, проведенного с Максимом. Даже фотография моей спины — единственный свидетель этого момента — была удалена. От нас двоих уже ничего не осталось.

Я каждый раз прихожу к этому печальному выводу. Поскольку регулярно пытаюсь завести любовника. У этих свиданий есть только одна цель: найти способ ослабить любовное давление, которое всецело направлено на моего мужа, разделив его между несколькими людьми.

Вот почему я никогда не чувствую себя виноватой после измены: как может быть иначе, если я делаю это из любви к мужу? И потом, я установила для себя определенные ограничения: я изменяю моему мужу исключительно по четвергам. Этот день неспроста окрашен в цвет предательства.

Поэтому я флиртую по эсэмэс, соглашаюсь на свидания, надеваю красивое платье, делаю эпиляцию, отдаюсь... Так было несколько раз. Но лучше признать очевидное: несмотря на все мои усилия, мне так и не удалось испытать чувств к другому мужчине. Я действительно неспособна обзавестись приличным любовником.

На обратном пути я ехала так быстро, что едва не врезалась в машину, стоявшую на светофоре. Припарковавшись на подъездной дорожке, я так спешила домой, что остановилась у порога, запыхавшись. Когда наконец пришел мой муж, я была счастлива видеть его, даже в большей степени, чем обычно. Мне его особенно сильно не хватает, когда я провожу время с другим мужчиной. Моя неверность всегда дает эффект, противоположный ожидаемому: я возвращаюсь домой еще больше влюбленной в собственного мужа.

Как и всегда, мой муж не поинтересовался, ни где я была, ни с кем (значит ли это, что он доверяет мне или ему просто все равно?). Я в мельчайших подробностях рассказываю ему о педсовете, хотя он не задает мне ни одного вопроса. Я оправдываюсь, но он меня не слушает. Он прерывает мой рассказ, спросив, не осталось ли у нас разрыхлителя для теста.

Бугорок на его брюках — единственная еда, которую я хочу сегодня вечером. Максим в лучшем случае лишь возбудил у меня аппетит. Я надеюсь, что мой муж захочет заняться со мной любовью, когда дети лягут спать. Но не подаю вида, поскольку знаю, что мое желание может его испугать. Мое либидо наводит на него страх. Инициатива всегда должна исходить от него (мужское желание хрупко).

Мой муж

Я смотрю, как мой муж раздевается, перед тем как принять душ: свитер с круглым вырезом из хлопка-пике, синяя приталенная рубашка, бежевые брюки чинос, трусы из микрофибры, носки из мерсеризованного хлопка. Я знаю всю его одежду наперечет, могла бы с закрытыми глазами перечислить пришитые на ней бирки. Я знаю, где и при каких обстоятельствах он ее купил: в каком магазине, в каком городе, по какому поводу. Я знаю, какую рубашку он не наденет на этой неделе, потому что ее манжета испачкана. Эта убежденность меня успокаивает: я нахожусь на знакомой и завоеванной территории. Личная жизнь супругов кроется в одежде. Что может быть более волнующим, чем встретиться с бывшим парнем и не узнать некоторые предметы его одежды (мне знакомы его ботинки и брюки, но когда у него появилась эта шапка?).

Свитер, рубашка, брюки, трусы, носки: мой муж накладывает друг на друга слои так же, как накладывает друг на друга тайны. Поэтому в холодную погоду он еще красивее. Он не человек лета. Мне нравится, когда он надевает объемные вещи, когда у него красные от холода щеки, потрескавшиеся губы и руки в перчатках. Его красота обнаруживается в закутывании. Мой муж намного более неотразим в темно-синих шерстяных свитерах, чем в шортах, солнечных очках или пляжных плавках. Кроме того, каждую зиму мой муж выглядит еще привлекательнее, чем в предыдущую. Только встретив его, я поняла смысл выражения «стареть красиво» (или во всем виноват мой искаженный взгляд влюбленной женщины?).

Сейчас он менее красив, чем в середине зимы, но, разумеется, по-прежнему мне нравится. Собственно, мы познакомились в августе, но я влюбилась в него, не дожидаясь декабря. Однако я часто задаюсь вопросом, что бы произошло, если бы я познакомилась с ним зимой: осмелилась бы сделать первый шаг? Не сочла бы, что он слишком хорош для меня? Если бы я увидела его впервые, например, 10 декабря, а не 27 августа: не посчитала бы я его недостижимым?

А мне зима не к лицу. Я исчезаю под шарфами и нелестными для моей фигуры пальто. Зато солнце идет мне на пользу. Моя кожа становится более гладкой, я ношу платья, которые выгодно подчеркивают мои ноги, а солнцезащитный крем прекрасно сочетается с естественным запахом моего тела. Короче говоря, сезонность нашей красоты не совпадает (поэтому я часто задаюсь вопросом: не слишком ли мы разные, чтобы счастливо жить вместе?).

Я тайком прислушиваюсь к тому, что делает мой муж по ту сторону двери ванной комнаты, не напевает ли он что-нибудь из французского шансона (так бывает, когда он в хорошем настроении и не прочь заняться со мной любовью).

Затем делаю вид, что в ожидании его читаю «Любовника», заблаговременно открыв книгу ближе к концу (будет ли он впечатлен тем, как быстро я читаю?). Спустя несколько мгновений мой муж заходит в комнату. Он обнажен, у него эрекция. Мне тут же становится понятно, что ближайшую четверть часа мы посвятим не обсуждению книги, которую я читаю, и не спорам о «Новом романе».

Как обычно, он не раздевает меня. Он просит, чтобы я сняла одежду, затем входит в меня. Я подчиняюсь. Я слишком стара для орального секса. Мы оба уже не в том возрасте, чтобы предаваться сложным экспериментам. Он не особо ласков со мной, его тело прижато к моему, словно деревянная доска. Я чувствую давление его члена. Сосредотачиваюсь на его дыхании, чтобы определить, как скоро у него наступит оргазм. Он навязывает свой ритм и дает волю рукам. Мне вспоминаются очертания его члена, проступавшие через брюки незадолго до этого на кухне. Я хочу его так сильно, словно никогда к нему не прикасалась.

Мой муж еще пахнет потом, хотя только что вышел из душа. Этот стойкий запах свидетельствует о том, что он мылся второпях, чтобы поскорее вернуться ко мне. Ему так не терпелось заполучить меня, что он не удосужился тщательно намылиться. Несколько лет назад по возвращении с теннисного матча мой муж решил принять душ, прежде чем заняться со мной любовью; но я осмелилась сказать ему, что меня возбуждает запах его пота, и он немедля вошел в меня. Может, он вспомнил об этом случае сегодня вечером? Я тронута его чуткостью.

Перед моими закрытыми глазами мелькают цвета и пейзажи. Когда мы занимаемся любовью, я не вижу ни телесных жидкостей, ни ударяющихся друг о друга тел, ни спермы, ни члена: я вижу образы и цвета, геометрические формы и места. Сегодня вечером в моем сознании поочередно сменяются горная река, пышная растительность, отвесные скалы, влажный тропический лес.

Я задерживаю дыхание, сдерживаюсь. Закусываю палец, чтобы не застонать. Мой муж наверняка думает, что я принимаю меры предосторожности, чтобы не разбудить детей (к счастью, планировка нашего дома облегчает нашу сексуальную жизнь, поскольку детские комнаты расположены этажом выше). Но в действительности я боюсь, что мое желание может показаться ему монструозным. Я боюсь, что он испытает отвращение, если я кончу слишком бурно.

Я была сверху, когда заметила, что из-под матраса слегка торчит спрятанный там мешочек из ткани. Мне удалось незаметно для мужа засунуть его под матрас. Три лепестка розы, щепотка крупной соли, красная лента — древний рецепт любовного зелья, предназначенного для поддержания страсти. Не знаю, верю ли я в подобные вещи. Но у нас в саду растет розовый куст, так что было бы глупо этим не воспользоваться.

Мой муж хватает меня за груди, поворачивая лицом к себе — я удивлена этим, поскольку мой бюст никогда особенно его не привлекал. В любом случае, я так и не смогла разгадать тайну возникновения его страсти. Точнее, я так и не постигла его эротизма. Я не знаю, где он располагается, в какой детали, в каком запахе, в какой обстановке, в каком кружеве, в каком фантазме (после пятнадцати лет совместной жизни я все еще не смогу сказать, что предпочитает мой муж — задницу или грудь). Этим вечером я чувствую, что он очень возбужден, но не знаю почему.

Может быть, накануне ему приснился эротический сон (отсюда его ночные признания в любви, которые он не смог вспомнить по пробуждении)? А может, на него так подействовало чье-то декольте, которое он увидел сегодня в комнате для переговоров, или неуместное признание одного из коллег? Неужели он встретился с любовницей во время обеденного перерыва? Делал ли он с ней то, чего мы никогда не делали вместе? Нашел ли он в чужой постели то, что перестал искать в нашем браке? Не по этой ли причине он внезапно стал таким пылким? Или же, наоборот, он недавно расстался с любовницей? Что, если его долгие фрикции кричат мне об отчаянии, которое он испытывает из-за того, что больше никогда к ней не прикоснется? Еще один вариант: не является ли это проявлением некоего мужского инстинкта, пробужденного запахом Максима на моей коже? Я уже заметила, что мой муж всегда занимался со мной любовью в те дни, когда я спала с другими мужчинами.

Я утыкаюсь носом ему в шею в поисках запаха другой женщины на его коже. Но ничего не чувствую. У моего мужа нет любовницы. И в глубине души я это знаю. Тем не менее, даже когда мой муж находится внутри меня, он остается для меня недосягаем. И даже в этот момент я продолжаю очень сильно скучать по нему. Когда он покидает мое тело, в нем остается открытая рана, ужасающая пустота, язва, готовая загноиться.

Пятница

За завтраком я анализирую положение наших тел. Я замечаю, что наклоняюсь в сторону моего мужа, когда он разговаривает со мной. Движется именно мое тело, а не его: я меняю положение, придвигаюсь к нему, вытягиваю шею. Мой муж сидит с прямой спиной и смотрит перед собой, когда ест. А я шаткая и неуравновешенная.

Когда мы встали, чтобы налить себе еще кофе, я поразилась тому факту, что стул моего мужа находился ровно на середине стороны стола. А мой, наоборот, сдвинут влево, повернут к стулу мужа.

Я уверена, что если бы составляла карту моих ежедневных микродвижений, она выглядела бы следующим образом: мой муж — это солнце, вокруг которого вращается большая часть моих движений. Я встречаю его в прихожей, когда он возвращается вечером домой, сажусь рядом с ним на диван, подхожу к нему поближе, когда он говорит мне что-то из кухни, а я в это время нахожусь в гостиной. Из-за него я всегда последней встаю из-за стола. Я выключаю свет, следую за ним по лестнице, держусь в его тени, иду позади. Напротив, мои перемещения на моего мужа не оказывают влияния. Моя сила притяжения никогда не бывает достаточно мощной, чтобы заставить его отклониться от своей траектории.

Какие физические силы определяют наше движение в космосе? Что обусловливает нашу скорость и силу? Какова физическая формула? Когда мы с Люси играем по субботам в теннис, наши тела встречаются на полпути: переступив порог клуба, я вижу ее сидящей в кресле у стойки ресепшен, она меня тоже замечает, встает и направляется ко мне, а я — к ней. Место встречи находится в середине холла — по-моему, мы движемся в совершенно нормальной манере. Почему физические законы, которые управляют нашими с Люси перемещениями, отличаются от физических законов, которые применяются в отношении моего мужа?

Мои дети едят молча, с еще сонным видом, в мятых пижамах. Лишь монотонный стук ложек и движение тарелок по столу создает раздражающую музыку. Я наблюдаю за тем, как дети жуют свои бутерброды и коротко перешептываются. Их стулья так близко придвинуты друг к другу, что почти образуют одно целое.

Меня всегда раздражали дети, которые слишком громко разговаривают. Их не считают невоспитанными, хотя социально приемлемый уровень громкости звуков, издаваемых ребенком, мне всегда казался чрезмерно высоким. Под предлогом того, что это дети, что их голос еще не вполне сформирован, они могут говорить громче, чем взрослые. Но мне удалось достичь по крайней мере одного результата в воспитании собственных детей: я приучила их тихо разговаривать. Даже когда они были совсем маленькими, дом никогда не наполнялся криками.

Мой муж сообщил мне, что планирует поплавать после работы, а потом поужинать с бывшим коллегой, который оказался проездом в нашем городе. Я держусь холодно и невозмутимо (будто меня это не задевает), но пристально смотрю, словно на спасательный круг в разгар кораблекрушения, на свой телефон, который снова оставила на кухонном столе. Я дала себе слово остановиться, но мне становится все труднее верить в свои благие намерения, особенно когда мой муж жестоко объявляет мне, что не проведет вечер дома.

К счастью, завтрак проходит в тишине, что позволяет мне внимательно слушать информацию, переданную мужем (бассейн и ужин). Сосредотачиваюсь на его словах, надеясь, что не почувствую необходимости возвращаться к ним позже, снова и снова прокручивать в голове эту ситуацию.

В спальне одежда моего мужа лежит на полу в углу, его еще влажное полотенце — на кровати. Поднимаю его и расправляю. Я не высказываю ему никаких замечаний по поводу разбросанных вещей. Я также ничего не говорю о беспорядке в ванной комнате, о столе, который он не убрал после завтрака, о его ужинах в ресторанах, о вечерах, проведенных в бассейне. Он никогда не слышал от меня подобных упреков. Я не хочу, чтобы между нами вспыхивали ссоры по столь банальным причинам.

Впрочем, мы редко ссоримся. Возможно, именно этого нам и недостает. Ведь я обожаю конфликты, битье посуды и хлопанье дверями. Спокойные отношения между мужем и женой мне всегда казались неинтересными. От семейных пар, которые никогда не ругаются, веет чем-то низкопробным, и я всегда подозревала, что в них недостает любви. Но и обычные ссоры мне тоже не по вкусу. То, что мой муж не моет посуду после еды или не может погладить рубашку, — неприятно, но все-таки для меня преодолимо; напротив, не думаю, что смогу выдержать настолько заурядной размолвки по такой избитой причине. Если уж мы пререкаемся, то по меньшей мере из-за ревности, глубоких сомнений, бытийной драмы, болезненного самокопания. Мне кажется, для пары очень важно, чтобы ссоры в ней были связаны с темой любви.

Вытирая кухонный стол, я одним ухом слушаю радио, но мне трудно прогнать остатки сна. Я все еще нахожусь в состоянии нереальности, которое долго не проходит, если я слишком быстро просыпаюсь и мое сновидение накладывается на начинающийся день.

Мне вновь снилось, что мой муж — рыцарь, а я — его суженая. В этом сне ему предстояло пройти ряд испытаний, чтобы воссоединиться со мной: бои на мечах, драконы, поединки, скачки на лошадях, поэтические конкурсы, опасные пропасти.

Сон неизменно разворачивается по одинаковому сценарию. Мой муж преодолевает все возникающие перед ним препятствия; он успешно противостоит своим соперникам, показывая себя выдающимся наездником и непревзойденным ловеласом. Однако победа в одном испытании непременно знаменует собой начало следующего. Он без устали продолжает свою борьбу и всякий раз выходит победителем, но в конце концов умирает от переутомления, оказавшись в плену нескончаемого любовного турнира.

Однако впервые концовка у моего сна была иная. Этой ночью мой муж остался жив. Понимая, что победа невозможна, что это ловушка, он сдался и ушел. Мне не нравится этот сон, но он повторяется, а у повторяющегося сна не должна меняться развязка.

Я наливаю себе еще одну чашку кофе. Мой сон развеялся, и сопровождавшее его смутное чувство начинает ослабевать, а затем полностью исчезает, уступая место пятнице.

Пятница не способствует сосредоточенности. Это повторяющаяся каждую неделю частичка беззаботности летних каникул — день, летучий, как газ, и старомодный, как домашнее пюре. В пятницу трудно работать, погружаться в перевод. Если бы мне только удалось надлежащим образом перевести название романа! *Waiting for the day to come...*

К счастью, пятница приносит мне удачу благодаря своему зеленому цвету. Это не просто суеверие: у меня есть неопровержимые факты. Оказавшись в затруднительной ситуации, я принимаюсь искать вокруг себя что-нибудь зеленое — в окружающей обстановке или в пейзаже, и если нахожу, знаю, что все сложится самым наилучшим образом. В день, когда я рожала сына, меня охватил жуткий страх. Мой муж приехал ко мне в больницу, на нем была зеленая футболка — роды прошли легко. В день, когда мы впервые приехали осмотреть дом, который впоследствии стал нашим, зеленые ставни утвердили меня в мысли, что мы делаем правильный выбор. В день, когда мы должны были подписать договор о покупке нашего дома, зеленая дверь нотариуса, на которую я обратила внимание, лишь выходя из его кабинета, должна была уверить меня в том, что мой муж пришел туда раньше меня. Мое детство было очень счастливым отчасти благодаря зеленым глазам моей матери. Но иногда зеленый цвет приходит ко мне окольными путями: в тот вечер, когда я познакомилась с моим мужем, играла английская группа под названием *The Green Peas*.

Рассеянно смотрю в окно на зеленый газон, покрытый росой, на листья, колеблемые ветром, — вездесущий зеленый цвет приносит мне удачу, больше, чем какой-либо другой. А что, если это можно объяснить с помощью физики? Немного покопавшись в интернете, я выяснила, что длина волн, соответствующих моему цветовому спектру, составляет 525. Ну, еще бы. Я выросла в доме № 52 по улице Виктора Баша, а родилась в департаменте Ду, порядковый номер которого 25. 525. Наиболее рациональные объяснения, как правило, самые лучшие.

Я всегда видела дни в цвете. Именно так я ориентируюсь во времени. Когда я договариваюсь с кем-нибудь о встрече, мне редко нужно записывать место и время: мой распорядок дня предстает перед моими глазами в виде разноцветной ленты.

В детстве я думала, что у всех людей происходит так же; мне представлялось, что оттенки цветов могут разниться от человека к человеку, но у каждого есть собственная ментальная радуга. Однако в начальной школе я с горестью обнаружила, что это не так. Я сказала «желтый» вместо «четверг», спрашивая, когда состоится школьная экскурсия, которую ждала с нетерпением. Учительница посмеялась над моей оговоркой, а когда она меня поправила, я попыталась объяснить, что в любом случае это одно и то же, будучи убежденной, что желтизна четверга для всех очевидна. В классе послышались смешки, а учительница прилюдно унизила меня, заявив, что путать цвета и дни недели в семь лет очень плохо: не хочу ли я вернуться к своим маленьким товарищам по детскому саду? Сочтя мое замечание за дерзость, она отчитала меня. В течение нескольких недель меня обзывали ведьмой и лгуньей, говорили, что я странная.

Лишь намного позже я осознала, что цветовое восприятие времени повлияло на мое зрительное восприятие. Мне потребовались годы, чтобы четко сформулировать это для себя, хотя я могла догадаться об этом и раньше по некоторым признакам: один и тот же оттенок губной помады в четверг вечером казался мне соблазнительным и чувственным, а в воскресенье утром — скучным и блеклым; одни платья я ношу только по средам, другие — только по пятницам. По вторникам я более восприимчива к свету и тени (как будто живу в картине Караваджо; я даже всерьез задумывалась о том, не писал ли этот итальянский художник свои полотна только по вторникам). Кроме того, десять лет назад проходила выставка, посвященная художнику Дэвиду Хокни. Она меня настолько восхитила, что я вернулась туда на следующий день. Однако картины мне показались совершенно не такими, какими я увидела их накануне. Они по-прежнему мне нравились, но что-то изменилось. Я не могла поверить своим глазам, поэтому спросила у работников выставочного зала, не поменяли ли они ночью освещение. Тогда-то мне все стало понятно.

Сейчас я знаю, что по понедельникам в мое поле зрения чаще попадают синие предметы, а по средам — оранжевые. Во вторник я долго и безуспешно искала свой желтый блокнот с научной лексикой для моих переводов. В четверг я нашла этот блокнот в прихожей: естественно, мне следовало дождаться четверга, чтобы разглядеть этот желтый предмет. Словно каждый день недели ставит перед моими глазами фильтр — кинокамеру, снимающую с повышенной зернистостью, или пленку с определенной чувствительностью к свету. Каждое утро окружающий меня мир окрашивается в другой цвет.

Я работала над переводом несколько часов, и, завершив очередную главу, внезапно поняла, каким должно быть название. Ожидание, движение, неизбежность, рассвет, многоточие, поэзия. Здесь есть все. *Waiting for the day to come...* — «В ожидании дня, который скоро наступит...»

«Пять признаков того, что он вам изменяет», «Три вещи, которые нужно сделать, чтобы свести его с ума», «Десять секретов крепких брачных союзов»: я останавливаюсь преимущественно на статьях с многообещающими заголовками. Поскольку мне так и не удалось сконцентрироваться на переводе, остаток дня я решила провести с пользой. А поскольку пятница — день Венеры, богини любви, я без зазрения совести посвящаю часть этого дня обучению искусству любви в интернете.

Оплачиваю доступ к платному контенту. Внимательно смотрю несколько видео, пробегаю глазами советы и упражнения на женских сайтах. Прохожу онлайн-тест и узнаю, что мой брак находится под угрозой, поэтому мне необходимо безотлагательно действовать. В конце концов я хорошо усваиваю несколько уроков: оставлять для мужа достаточно личного пространства, быть сдержанной, культивируя при этом загадочность, заставлять его ревновать, не отягощать мужа своими переживаниями, не докучать ему излишней эмоциональностью и сентиментальностью, а главное — всегда тщательно следить за своей внешностью.

Чаще всего, кстати, встречается требование быть загадочной: не рассказывать всего. Ключевые слова: быть холодной, недоступной и сдержанной. Конечно, сейчас, когда мои дети подросли, мне легче отлучаться из дома. Но по большому счету я все еще нахожусь под домашним арестом. День изо дня мне приходится постоянно быть наготове оказать любую услугу: я жду детей у школьных ворот после уроков, проверяю у них домашние задания в их комнатах, готовлю еду на кухне, ложусь спать в нашу постель, обедаю по воскресеньям у родителей мужа, проверяю телефон, чтобы узнать, идти ли мне за детьми в музыкальную школу или этим займется мой муж. Получается, я — легкодоступная женщина. По очевидным логистическим причинам, при наличии мужа и двоих детей трудно сохранять предписываемую загадочность.

Разумеется, у меня есть разные увлечения: женские журналы, психология, статистические исследования, астрология, астрономия, политическая философия, саморазвитие, дизайн одежды и интерьеров, когнитивная наука, история, социология, садоводство, антропология, география — я интересуюсь всем, что может пригодиться мне в семейной жизни.

Зеленый блокнот, посвященный обучению искусству любви, — не единственный. У меня есть множество других крайне полезных блокнотов, и каждый из них выполняет свою функцию. Несколько лет назад, к примеру, я начала вести музыкальный блокнот. Поскольку музыка, которую слушает мой муж, помогает мне безошибочно понимать его настроение, я решила тщательно фиксировать эти сведения. Скажем, если он напевает французский шансон, значит, пребывает в хорошем расположении духа; выбор французского шансона также взаимосвязан с уровнем его сексуального возбуждения. Бразильская музыка свидетельствует о том, что он спокоен и безмятежен. И наоборот, когда он слушает поп-музыку, то наверняка жди беды: мой муж становится холодным и отстраненным, а тексты песен зачастую превращаются в выпады в мой адрес.

Ведение блокнотов меня успокаивает и помогает держать все под контролем. В минуты сомнений я просматриваю блокнот, посвященный обучению искусству любви. Прочитанные мною перед вчерашним свиданием с Максимом вдохновляющие фразы о непроходящей любви придали мне смелости встретиться с ним. Я знаю, что изменяю мужу по веским причинам (наличие любовника помогает мне быть недоступной и загадочной). И знаю, что двигаюсь в правильном направлении.

Но этот же блокнот напоминает о моем неприятном статусе вечной дебютантки. Не могу не признать: это еще и символ признания провала. Меня огорчает необходимость составлять список правил, чтобы мужчина, который разделил со мной жизнь, продолжал любить меня. Почему я в сорок лет настолько неопытна в любовных отношениях?

Я так ничему и не научилась в любви. С подросткового возраста я повторяю одну и ту же схему: я так сильно люблю, что истощаю себя (самокопанием, ревностью, сомнениями) — настолько, что любовь в конечном счете всегда делает меня немного подавленной и грустной. Когда я влюблена, я становлюсь строгой, серьезной, нетерпимой. На свои романы я накладываю тень значительности. Хочу, чтобы меня любили с такой же серьезностью, с какой люблю я, но вследствие этого любовь быстро становится утомительной (для меня, для другого человека). Короче говоря, у меня несчастная любовь.

Адриан, Антуан, Арно: мое желание любить всегда было так велико, что на какой бы объект я его ни направляла, я любила с одинаковой силой. Чтобы забыть одного, я оказывалась в объятьях другого, не в силах вынести одиночество. Только моя зависимость от любви, а не от кого-либо из этих парней, была постоянной.

Моя неистощимая потребность в любви вызывала у них противоположные реакции. Одни воспринимали это как чрезмерное, но приятное доказательство привязанности, другие — как пугающую, вызывающую чувство вины ответственность. Но в любом случае мои романы заканчивались неудачно. Поэтому, познакомившись с моим мужем — идеальным *husband material*, — я решила не показывать свою зависимость. Мне только что исполнилось двадцать пять лет, я не могла больше позволять себе все портить, слишком явно выражая свои намерения (найти любовь всей жизни). Теперь я научилась это скрывать, я умею лучше притворяться, но в сущности единственная вещь, которая способна заставить меня встать с постели в любое время дня и ночи, — это любовь. Мне так и не удалось расширить круг своих интересов.

Из-за подобного поведения в любви я выплакала немало слез. Даже день моей свадьбы не стал исключением. В разгар свадебного ужина мне пришлось уйти в виноградники, чтобы поплакать. Я помню, как музыка и огни на танцполе быстро сменились тишиной и мраком. Я перекатывала пальцами полупрозрачные зеленые виноградины. Моя мать, должно быть, видела, как я покинула ужин, поскольку внезапно оказалась за моей спиной. Казалось, она не была удивлена двумя прозрачными слезинками на моих щеках: в обществе принято, чтобы невеста плакала в день свадьбы (полагаю, от избытка положительных эмоций). Но моей матери хотелось сказать другое.

— У тебя грустная любовь, ты похожа на меня, — прошептала она, обнимая меня с необыкновенной нежностью.

Я вышла замуж всего несколько часов назад, а моя любовь к мужу уже причиняла мне боль, и я узнала, как и Федра, что эта боль, возможно, была наследственной.

Встав на стул, достаю средства для волос, спрятанные на самом верху нашей гардеробной, подальше от глаз моего мужа. В коробке из-под обуви хранятся осветляющая маска, средство по уходу за окрашенными волосами, шампунь с экстрактом ромашки для светлых волос. Требуются определенные вложения, чтобы оставаться блондинкой, если от природы имеешь каштановые волосы.

Когда мы с моим мужем познакомились, я была яркой блондинкой. Я осветлила волосы в начале лета, а солнце и море лишь подчеркнули мой новый цвет. Когда мой муж отошел заказать еще один напиток в баре, сопровождавший его друг подошел ко мне и сказал: «Он без ума от блондинок — кажется, ты покорила его сердце!»

Впоследствии я действительно обнаружила, что все его бывшие девушки были блондинками, за исключением одной смуглокожей испанки (цвет ее волос не давал мне уснуть в течение нескольких недель: означало ли это, что он ее любил больше остальных?).

После нашего знакомства я была вынуждена поддерживать свой ложный блонд с помощью осветляющих средств, которые надежно прячу, чтобы мой муж ни о чем не догадался. Я также не говорю ему, когда иду к парикмахеру делать мелирование или окрашивание. Не уверена, что моему мужу известен мой натуральный цвет волос. Я поменяла паспорт девять лет назад. В графе «цвет волос» я указала «светлый».

Наношу средство для сохранения цвета окрашенных волос (если бы так же просто можно было сохранить брак!) и, пока оно действует, расхаживаю по дому. Я жду. Жду, что средство сделает свое дело. Жду, когда настанет время проверить почтовый ящик.

А начинаю с того, что опустошаю свою шкатулку для драгоценностей, чтобы добраться до двойного дна. Внутри — мой ключ от почтового ящика и мое первое помолвочное кольцо со сверкающим, эффектным бриллиантом внушительных размеров, которое я приобрела за 19 евро и 99 центов на свое двадцатидвухлетие. В течение нескольких месяцев я умирала от желания купить это кольцо. Каприз, возможно, причуда. Могут ли окружающие плохо отнестись к тому, что я изображаю из себя замужнюю женщину? Я успокоила себя, подумав, что это безобидная странность: я никому не причинила зла. Ведь законом не запрещено носить кольцо с крупным бриллиантом на безымянном пальце, если хочется.

Однако эта странность объяснима. Существует выражение, описывающее мое душевное состояние в то время: я хотела, чтобы моя жизнь обрела форму. Я хотела, чтобы она превратилась во что-то прочное и устойчивое. Подобно глине, которая, высыхая, становится все менее и менее податливой, я тоже хотела высохнуть и затвердеть. Мне было двадцать два года, и я начинала терять терпение. Я видела, как жизнь моих подруг стабилизировалась, а в моей царила неопределенность: мимолетные знакомства, все еще неопределенное профессиональное будущее (я не могла решить, чем заняться: преподаванием или написанием диссертации по английской литературе), частые смены стиля одежды (моя гардеробная тому свидетель). А главное, я не встретила мужчину моей мечты — на горизонте не было ни одного солидного претендента на роль *husband material*.

Чтобы набраться терпения, ожидая, пока моя жизнь обретет форму, я купила себе это кольцо. Я надевала его, когда отправлялась за покупками или на пробежку. Эффект был незамедлительным. Значит, интуиция меня не подвела: теперь, с кольцом на пальце, я испытывала совсем другие чувства, когда расплачивалась на кассе в магазине или потела в парке. Внезапно самые неприятные занятия показались мне намного более сносными. Я не знаю, как это объяснить, но мой мнимый статус замужней женщины наконец-то возвестил миру, что мое существование имеет ценность. Окружающие стали смотреть на меня по-иному: они думали, что меня кто-то ждет, что где-то у меня есть дела поважнее. Разумеется, я не носила кольцо в тех местах, где могла встретить потенциального мужа.

Спустя три года я познакомилась с моим мужем. Спустя еще два года он подарил мне на помолвку кольцо с настоящим камнем, и я благополучно забыла про кольцо с поддельным бриллиантом. Он знал, что я хотела кольцо с крапановой закрепкой камня, он не мог ошибиться. Так что мое нынешнее кольцо выглядит в точности, как то кольцо нетерпения, которое я себе купила. С тех пор я храню его под ложным дном шкатулки для драгоценностей, и время от времени достаю оттуда с легкой ностальгией.

Внимательно рассматриваю кольцо, поворачивая камень к свету: неплохо для подделки, но я предпочитаю настоящее.

Три часа дня. В нашем квартале в это время почти безлюдно. Соседи, пообедав дома, вернулись на работу. Несмотря на то что сегодня пятница, еще слишком рано для окончания рабочего дня у чиновников, занимающих высокие посты. Желавшие пораньше уехать на выходные из города уже сделали это: погрузка коробов для загородных домов завершилась около четырнадцати часов.

На улице пусто. Вынимаю ключ из тайника, прохожу через сад, тайком открываю почтовый ящик. Быстро изучаю его содержимое: ничего серьезного (налоги, страховка и банк). Затем закрываю ящик, оставив стопку писем такой, какой я ее обнаружила.

Меня никто не видел. Хорошо, что я не стала спешить. В понедельник я проявила неосторожность, придя сюда на полчаса раньше, и попалась на глаза соседу. Я очень серьезно отнеслась к этому инциденту: мне необходимо придерживаться одинаковых ритуалов. Не соблюдая правил, которые я сама для себя установила, я совершаю ошибки — с виду незначительные, но однажды они могут меня скомпрометировать. В понедельник вечером, за ужином, мой муж сообщил мне, что обнаружил почтовый ящик открытым. Я была ошеломлена, но с легкостью разыграла комедию.

— Ты такой рассеянный, что я не удивлюсь, если ты забыл закрыть его в субботу, — ответила я.

— Да, ты права, — согласился мой муж.

В тот раз мне удалось выкрутиться.

У меня не должно быть этого ключа. Все организовано таким образом, что он мне не нужен. Почту забирает мой муж, вернувшись с работы. Когда он заходит в дом, в одной руке он держит конверты, а в другой — багет, из-за этого мне всегда неудобно обнимать его.

В течение многих лет за почтой ходила я. Три года назад я дала ему на время ключ от почтового ящика. Мне пришлось уехать на весь июль в отпуск с детьми, а он остался дома. По возвращении я не забрала у него ключ — так произошла безмолвная передача.

В прошлом году меня внезапно начало тревожить то, с каким усердием мой муж открывает и закрывает почтовый ящик: почему он хотел заниматься почтой? Почему он, будучи крайне рассеянным, никогда не забывал об этом? Он не смог мне ответить. На протяжении нескольких месяцев я задавалась вопросом, не переписывается ли мой муж с другой женщиной, не получает ли анонимных писем — может, кто-то узнал о его давнем романе или о внебрачном ребенке и попытался шантажировать его? Тогда было бы понятно, почему, когда я предложила ему сделать дубликаты ключей, он лишь пожал плечами, ответив, что в этом нет никакой необходимости.

В итоге я была вынуждена прибегнуть к действенной, но трудоемкой уловке. Сославшись на потерю связки ключей во время отлучки моего мужа, я забрала дубликаты у его родителей, зная, что среди них есть также ключ от почтового ящика. Я сделала дубликат и спрятала в шкатулке для драгоценностей. Тем же вечером я рассказала мужу по телефону об этом случае. Я объяснила ему, что нашла ключи под сиденьем в машине. Похоже, он ничего не заподозрил. Возможно, он забыл, что среди дубликатов ключей у его родителей был и ключ от нашего почтового ящика.

С тех пор я регулярно проверяю почту и чувствую себя намного спокойнее: ни шантажиста, ни пылкого любовного письма на горизонте.

Вернувшись домой, я начинаю с осмотра его портфеля. Затем перехожу к карманам брюк. Разворачиваю все смятые кассовые чеки. Смотрю на время, дату, место и сумму. К сожалению, эти подробности мне ни о чем не говорят, поскольку я недостаточно скрупулезна, чтобы сопоставить сведения: у меня не получается определить, совпадают ли ужины и поездки, о которых он мне говорил, с этим перечнем. Поэтому я просто проверяю, не ездил ли он в город, о котором мне не рассказывал, и не было ли у него необычно больших расходов.

Я наткнулась на кассовый чек из магазина сыров в центре города, датированный прошлым воскресеньем. Мой муж потратил там 75,23 евро. Значительная сумма, превышающая ту, что была на предыдущей неделе (чем чаще он совершает дорогостоящие покупки, тем сильнее я чувствую его любовь). Сметана и молоко, яйца для его омлетов, сыр конте для меня, овечий сыр для детей, свежий козий сыр для наших салатов, сыр рокфор, который он приготовил под соусом в четверг: этого хватит больше, чем на неделю. Как минимум на десять дней. Хороший улов. Кассовый чек отца семейства (в нем есть любимые сыры каждого из нас). А еще — кассовый чек щедрого человека (представляю, как он, даже не взглянув на сумму, небрежно скомкал бумажку и сунул ее в карман брюк, когда выходил из магазина сыров). Наконец, кассовый чек человека, который любит свою жену и не планирует бросать ее на следующей неделе, раз купил сыра на десять дней.

И напоследок его компьютер. Он не менял на нем пароль уже много лет. Я всегда обыскиваю его в последнюю очередь, потому что просто ненавижу этим заниматься. При чтении его электронных писем у меня начинаются колики в животе. Я знаю, что наш брак зависит только от следующего письма.

Теперь с его компьютера я могу просматривать содержимое его телефона — они привязаны к одной учетной записи, что позволяет мне сэкономить массу времени. Меня не интересуют подробности его переписки с родственниками и друзьями — это часть его личной жизни. Зато я внимательно прочитываю письма, предназначенные другим женщинам или подозрительным лицам: Зои, нашей приходящей няне; Мод, учительнице музыки нашей дочери; Сильви, матери лучшего друга нашего сына; Дамьену, коллеге из миланского офиса; Сержу, другу, с которым он иногда ходит в бассейн. Я также бросаю взгляд на последние GPS-координаты: ни загородного отеля, ни романтического ресторана с панорамным видом на окрестности.

Все в порядке. Я облегченно вздыхаю. Каждую неделю меня охватывает беспокойство. Хотя, должна заметить, за пятнадцать лет совместной жизни я так и не обнаружила ничего драматичного: ни одного сайта знакомств в истории браузера, ни одного контакта проституток в записной книге его телефона. Ни любовниц, ни непристойных сообщений, отправленных моим самым близким подругам.

Зато мне уже попадались письма, написанные в чересчур фамильярном тоне, и сообщения, адресованные незнакомым женщинам. В лучшем случае я узнаю, о ком идет речь, спустя несколько недель, когда мой муж спонтанно мне об этом расскажет: жена друга, бывшая коллега, знакомая, которая заинтересовалась вакансией в его компании.

Несколько месяцев назад я случайно наткнулась на его переписку с некой Элеонорой: мой муж предложил ей срочно созвониться. Я была уверена, что они предпочли разговаривать по телефону, чтобы не оставлять никаких письменных следов. У меня несколько дней из-за этого болело сердце. И вдруг однажды он как ни в чем не бывало заявляет за ужином: «Кстати, я общаюсь с Элеонорой, женой Валентина, помнишь ее? Она позвонила мне, потому что устраивает вечеринку-сюрприз в честь своего пятидесятилетия. Она попросила меня связаться с ее бывшими коллегами из Осло. Здорово, правда? Праздник состоится в конце февраля, я надеюсь, он не выпадет на тот же день, что и вечеринка у твоего издателя. Это будет пятнадцатого февраля, в субботу вечером — можешь проверить?»

Разумеется, я бы предпочла, чтобы мой муж вел личный дневник: мне было бы достаточно прочитать его, чтобы узнать его самые сокровенные мысли, и не пришлось бы копаться в его вещах. Сколько бы времени я сэкономила!

Главная проблема, связанная с этой привычкой, заключается в отсутствии неожиданности. Моему мужу никогда не удавалось сделать что-либо тайком от меня. Так продолжается и по сей день. Я нашла два авиабилета до Венеции на начало августа. Теперь мне остается лишь дождаться, когда он скажет об этом, и изобразить удивление. Но я немного расстроена, так как предпочла бы еще раз побывать в Риме. На всякий случай я уточнила условия бронирования: билеты можно обменять в течение месяца. Остается лишь тонко намекнуть ему, что я мечтаю вновь увидеть Колизей, или напомнить, что мы до сих пор не побывали в Ватикане. Чтобы завести разговор на эту тему, возможно, я предложу ему вместе посмотреть «Римские каникулы» — один из его любимых фильмов.

Просматривая электронное письмо, присланное авиакомпанией (в это время года билеты стоят недешево — должно быть, он действительно меня очень любит), я задаюсь вопросом, понадобилось ему уточнять дату моего рождения при бронировании. Знает ли он ее наизусть? Указал ли он ее в заявке столь же уверенно и непринужденно, словно речь идет о его собственной? Несколько лет назад я оказалась в затруднительной ситуации из-за истории с моей датой рождения. Вместе с моим издателем я должна была отправиться на неделю в Нью-Йорк, чтобы встретиться с автором детективных романов, один из которых собиралась переводить. Я подала заявление на получение визы — простая формальность. Однако моя поездка едва не сорвалась, поскольку за несколько дней до отъезда выяснилось, что я указала на официальном бланке дату рождения моего мужа, а не свою собственную. Я даже не удивилась этой ошибке. Такие поступки для меня привычны.

Бывает, я спрашиваю себя, должна ли испытывать вину за то, что роюсь в вещах моего мужа. И неизменно прихожу к выводу, что нет, и на то есть простая причина: мне бы очень хотелось, чтобы он делал то же самое. У меня наконец появилось бы доказательство его ревности и подтверждение его привязанности. К сожалению, я знаю, что он этого не делает.

Мой муж так и не прочел любовное письмо, в котором я в непристойных выражениях рассказываю незнакомцу о своей всепоглощающей страсти. Я написала его с единственной целью — проверить, обыскивает ли мой муж мои вещи. Я перекладывала письмо то в одно место, то в другое по всему дому: под шейные платки в ящике комода, в обувную коробку в прихожей, в плетеную корзину под моим ночным столиком, в самую толстую книгу в книжном шкафу, — но мой муж так его и не нашел. Вернее, он так и не удосужился его поискать. Даже когда оно лежало на моем письменном столе (виднее места не придумаешь), он не притронулся к нему. Я знаю это, потому что вложила волос между страниц и запечатала конверт так, чтобы с первого взгляда определить, открывал его мой муж или нет (я слегка подогнула края). Увы, мой муж не интересуется мной. Всякий раз я испытываю такую боль от осознания этого, что взяла себе за правило: не проверять конверт чаще одного раза в неделю. Я выбрала вторник.

Если мой муж однажды потрудится открыть это письмо, я знаю, что ему ответить. Я уже все заранее продумала. Он будет вне себя от ревности (я мечтаю хотя бы раз в жизни присутствовать при этой сцене), а я с веселым видом возражу, что это не мое письмо. Оно действительно написано моей рукой, но это перевод отрывка из переписки английской поэтессы XVIII века и ее любовника; я объясню, что мой издатель планирует опубликовать переписку и потому попросил меня поработать над черновым переводом, пока английский издатель не передаст ему права. Потом я достану из книжного шкафа оригинал переписки, и мы посмеемся над этим недоразумением. Это будет незабываемый, прекрасный момент.

Но моему мужу нет дела до того, что я могу от него прятать. Ему и в голову не приходит, что я могу встречаться с другими мужчинами. Хотя я не удалила ни одного из полученных мною сообщений; кроме того, я не принимаю душ, чтобы избавиться от запаха их тел. Я знаю, что не стала бы лгать, если бы мой муж прямо спросил меня: «Ты провела сегодняшний вечер с другим мужчиной?» Но он никогда ни о чем меня не спрашивает. Сколько бы я ни разбрасывала улики, ему все нипочем. Еще в понедельник я оставила «Любовника» Маргерит Дюрас на журнальном столике, но наверняка это не вызвало его беспокойства. Он не задался вопросом: почему моя жена ни с того ни с сего начала читать книгу под названием «Любовник»? Мне бы так хотелось увидеть волнение на его лице, нарушить его непоколебимое спокойствие. Чтобы в его душу закралась тревога, сомнение. Но ничего. К сожалению, в его глазах читается лишь доверие.

Я всегда знала: любви требуется уделять немало времени. В принципе, я не против, особенно по пятницам (день Венеры как раз для этого и предназначен). Итак, мне осталось выполнить последнюю, трудоемкую и не менее важную задачу. Аудиозаписи.

Надев наушники, я снова слушаю наш утренний разговор. Я записала его на мобильный телефон, который положила на стол во время завтрака. (А для чего еще, спрашивается, нужна функция диктофона? Уверена, все так делают.) Дети стучат ложками и пиалами, из-за этого я не могу все отчетливо расслышать. Хорошо еще, что они перешептываются за столом, иначе многие из моих записей были бы абсолютно непригодны для прослушивания.

Я слежу за уклончивыми ответами моего мужа, концентрируюсь на словах, которые он употребляет, когда сообщает мне о том, что намеревается пойти в бассейн после работы, а затем поужинать в ресторане. Вначале он сказал, что встретится с «бывшим коллегой», находящимся проездом в нашем городе. Позже в разговоре упомянул о «коллегах» — на сей раз во множественном числе. Отматываю запись назад, чтобы сравнить эти два отрывка.

Придется дождаться момента, когда мой муж расскажет мне о том, как провел вечер, — то есть, скорее всего, дождаться завтрашнего утра, — и прислушаться: будет ли он говорить об одном коллеге или о нескольких?

Я переслушиваю отрывки наших разговоров так, словно анализирую текст перед тем, как приступить к его переводу. Я подхожу к этому с не меньшим педантизмом: каков его общий тон? Почему было использовано именно это слово, а не другое? Что имел в виду автор? Для чего нужен этот образ, это сравнение, этот намек? Раз я не обладаю талантом быть хорошей женой, то могу быть, по крайней мере, хорошим аналитиком. Я должна увериться, что все правильно истолковала, что мой влюбленный мозг не исказил его слов.

Мне кажется разумным записывать наши личные разговоры: эти слова предназначались мне, так почему я не имею права переслушать их? Однако эта привычка отнимает у меня много времени и приводит к сомнительным результатам. Поэтому я регулярно пытаюсь избавиться от нее, но пока мне это удается с трудом. Я стараюсь больше доверять себе: мне просто нужно быть более сосредоточенной во время нашего общения (именно это я пыталась сделать сегодня утром за завтраком, правда, безуспешно). Я твержу себе, что мир не рухнет, если я не запишу наши разговоры. Но меня успокаивает мысль о том, что я могу вновь прослушать некоторые моменты. Во вторник я не записала наши беседы за ужином у Луизы и Николя и жалею об этом: будь у меня возможность вернуться ровно в то мгновение, когда мой муж превратил меня в мандарин, я, несомненно, смогла бы разобраться в сути происшедшего.

Я лишь раз превысила лимит, который для себя установила. К счастью, мне удалось записать одну из наших редких ссор — конфликт, который выбил меня из колеи на несколько дней. Я перепечатала ссору на компьютер, затем перевела на английский язык, убрав сведения, на основании которых можно было установить наши личности. Распечатала текст и раздала моим ученикам, сказав, что это глава из старого учебника по английскому и что ссора между мужем и женой как нельзя лучше подходит для повторения повелительного наклонения. Я так нуждалась в свежем взгляде со стороны, что попросила их высказать свое мнение об этой ситуации. Одна из учениц подняла руку и сказала: *The husband doesn't love the wife*[1]. Я испытала такую боль, что невольно присела, чтобы перевести дыхание.

[1] Муж не любит жену (*англ.*).

Это единственный раз, когда я использовала мои аудиозаписи в качестве учебного материала, и с готовностью признаю, что это было с моей стороны неразумно. Зачастую я просто даю персонажам имя моего мужа. Мне повезло, что оно крайне распространено в англоязычном мире. В понедельник я снова это сделала. Какое удовольствие слышать и произносить вслух его имя в течение часа (я никому не причиняю вреда, так зачем лишать себя этих маленьких радостей?).

Я вышла подышать свежим воздухом, но не забыла о последней на этот день задаче: найти идеальный светильник. Я нарочно разбила предыдущий светильник о пол, так как не могла допустить, чтобы он испортил нам с мужем еще один вечер (почему мы можем месяцами или годами терпеть что-то, а потом одним прекрасным утром просыпаемся с уверенностью, что не выдержим больше ни секунды?). Нам нужен приглушенный свет, чтобы в гостиной сохранялась романтическая обстановка. Я убеждена: интенсивность освещения способствовала тому, что в последнее время мой муж начал отодвигаться от меня на диване. Поместите самую красивую женщину в мире под тусклый свет, и ее красота заметно померкнет. Я всегда говорила: красота — это освещение (15 %), тональный крем (20 %), волосы (25 %), одежда и обувь (40 %).

В магазине я обращаю внимание еще на одну деталь. Выключатель должен быть установлен достаточно высоко на проводе, поскольку мой муж садится на диван слева, а я — справа, рядом со светильником; в наилучшем случае ему придется прижаться ко мне всем телом, чтобы погасить свет. Я нашла светильник, который соответствует всем этим критериям. Да еще и довольно симпатичный.

В ожидании мужа провожу неопределенный вечер. Контуры вечера расплываются, он похож на чересчур растушеванный карандашный рисунок или акварельный мазок, разбавленный слишком большим количеством воды. Часы текут, но им не хватает четкости.

Мой муж однажды сказал мне, что необходимое для плавания состояние праздности и сосредоточенности хорошо помогает ему думать. Находясь под водой, он поочередно перебирает в уме свои будничные неприятности: сложное дело на работе, непростой клиент, слабое здоровье родителей. Решив все свои проблемы, он выходит из бассейна умиротворенным, с ясным взглядом на мир. Внезапно я представляю, как между двумя гребками он осознает, что брак со мной — ошибка и неудача, что он — пленник нашего дома, что дети — это тяжкое бремя, что он потерял свою свободу и отказался от своих мечтаний, что я не такая интересная и образованная, как его смуглокожая испанская подруга, что он больше меня не любит, что он мечтает о другой, когда прикасается ко мне, что он должен меня бросить и чем быстрее, тем лучше.

Я также воображаю, что он никогда не ходил в бассейн. Плавание — идеальное алиби: вполне подходящий предлог, чтобы отключить телефон на час и принять душ, который смоет запах другой женщины. Когда он вернется, я проверю, влажные ли еще его плавки в сумке.

Поскольку фильм скоро закончится, я оставляю детей перед телевизором дожидаться прихода отца, а сама отправляюсь в постель. Из спальни я слышу, как на подъездной дорожке остановилась машина. Спешно выключаю свет и бросаю взгляд на телефон: 21 час 58 минут. Пока он закроет ворота, отыщет связку ключей на дне своего портфеля, заберет почту, откроет дверь дома — будет 22 часа. Мой муж пунктуален. Мой муж настолько пунктуален, что можно подумать, будто он выжидает за углом, чтобы вернуться домой точно в это время. Что, если он просидел несколько минут один в машине? Может, он заглушил мотор и слушал новую песню по радио?

Я слышу, как ключ поворачивается в замке, словно нахожусь там. Мой муж стоит на пороге с почтой в руке, с рюкзаком для бассейна на спине и со спокойной улыбкой на лице. Мне кажется, я слышу, как он дважды по-настоящему целует детей в лоб. Я представляю, как он устраивается на диване, чтобы досмотреть вместе с ними последние минуты фильма; возможно, он подтрунивает над злодеем, выставляя его на посмешище, или разрешает им съесть еще по куску пирога, несмотря на то что они уже почистили зубы.

Благодаря поскрипывающему паркету из массива дерева и скрипучей лестнице я всегда знаю, в каком месте дома находится мой муж. Кажется, дом был спроектирован архитектором, который беспокоился о том, чтобы его никогда не застали врасплох.

Теперь я слышу, как дети поднимаются по лестнице (поскольку они всегда ходят парой, их шаги по ступенькам сливаются в один непрерывный шум). Мой муж закрывает двери их комнат, спускается на этаж ниже, подходит слишком близко к двери нашей спальни. Я задерживаю дыхание, дверь открывается. Я неподвижно лежу под одеялом и старательно делаю вид, что сплю. Мой муж на секунду застывает в дверном проеме, а затем уходит.

Это последнее, что я сделаю из любви к нему сегодня — в день, который я полностью посвятила нашей паре: притворюсь спящей, чтобы он не увидел меня без макияжа, в пижаме и с растрепанными волосами (он часто повторяет, что ему не нравится, когда я не слежу за собой). Он будет скучать по мне еще сильнее в мое отсутствие, и кроме того у нас будет больше тем для разговора, если ему придется ждать завтрашнего утра, чтобы пообщаться со мной. Не баловать своим вниманием: я усвоила урок. Сегодня днем я записала это крупными буквами в блокноте.

Мое тело чешется под одеялом. Никакой передышки, даже по пятницам. Я пытаюсь думать о чем-то еще, кроме моих бедер и рук. Закрывая глаза, я проигрываю в голове фильм нашей недели. Останавливаюсь на определенных эпизодах, увеличиваю интересующие меня моменты. Я пытаюсь понять.

Я не прихожу к окончательному выводу, потому что это вопрос анализа: все зависит от масштаба увеличения, который я использую при наблюдении за нашей парой. Все зависит от любовного микроскопа.

В масштабе лет мы проживаем красивую историю любви. За пятнадцать лет с момента знакомства: свадьба, дом, дети. Я считаю такое положение дел удовлетворительным. В масштабе месяцев ситуация кажется по-прежнему радужной: не проходит и месяца, чтобы мы не провели где-нибудь время вдвоем, чтобы не занялись любовью, чтобы он не сказал мне нежных слов или не преподнес подарок. В масштабе недели небо остается более-менее ясным: не проходит ни одной недели без объятий, ласковых слов и долгих разговоров. В масштабе вечера или часа моя любовная погода портится. В этом масштабе я замечаю каждое слово, которое он не произнес, и все случаи, когда он не смотрел мне в глаза. Но в масштабе минуты ситуация становится просто невыносимой. Возьмем, к примеру, вечер среды. Дети легли спать, мы смотрим фильм, сидя на диване. Мой муж не берет меня за руку, хотя она лежит на виду — у меня на бедре. Затем я просовываю свою руку под его руку. Он не реагирует. Спустя несколько минут он меняет положение, отпускает мою руку и больше не прикасается к ней.

В масштабе этой минуты мне представляется очевидным, что мой муж отдаляется от меня и наш брак в опасности.

Когда мой муж не держит меня за руку, когда он делает из меня мандарин, когда он не спрашивает меня, как прошел мой день, когда он перед сном закрывает ставни и задергивает занавески, когда он перебивает меня, когда он забывает имя моей коллеги, о которой я часто упоминаю, когда он не слишком торопится вернуться домой, когда он отпускает мою руку на улице, когда он не отвечает ни на один из моих звонков, когда я внезапно замечаю, что он целует меня с открытыми глазами: если смотреть на эти минуты, мой брак становится похож на грустную песню. Каждая из них привносит в нашу пятнадцатилетнюю историю любви горький вкус одиночества, ожидания и покинутости. И одна минута может с легкостью омрачить все наши совместно прожитые годы.

Суббота

Вначале я услышала далекий, неразборчивый шум. Затем постепенно смогла распознать интонацию голоса. Сегодня утром меня разбудил мой муж, который что-то говорит мне из ванной комнаты.

Зачастую он обращается ко мне вне зависимости от того, сплю я или бодрствую. Словно он не различает, спит человек или нет, словно его мозг не интерпретирует такие сигналы, как закрытые глаза, положение лежа, неподвижность, глубокое дыхание, отсутствие ответов на его вопросы.

Мой муж рассказывает мне о том, как провел вчерашний вечер. Я уловила слово «коллега», но не поняла, в каком числе оно употреблено — в единственном или множественном. К сожалению, этим утром я не воспользовалась диктофоном.

Он давно отдернул занавески, и меня ослепляет солнце. Он уже приготовил завтрак и разбудил детей. Теперь он одевается в спальне, в хорошем настроении и очень, очень словоохотливый. Суббота — его любимый день. Я знаю это, потому что по субботам он заговаривает со мной чаще, чем в другие дни.

Суббота красная. А суббота моего мужа — ярко-красная. Для него суббота — это всегда радостное событие. Неудивительно, что он ее так любит: этот день создан для отдыха, прогулок, общения. Это первый выходной день, поэтому этим днем нужно в полной мере насладиться: предусмотреть занятие, которое понравится детям, устроить ужин на двоих или в кругу друзей.

Лично я предпочитаю рутину будней, суббота нагоняет на меня страх. В этот день приходится всякий раз изобретать что-то новое, поскольку нет даже воскресных ритуалов, за которые можно было бы ухватиться. Я уж не говорю о социальном давлении, которое возникает в субботний вечер: попробуй заявить о том, что ты хочешь просто побыть дома, сидя с мужем в обнимку на диване; так нет же — нужны званые ужины, приглашения, светские развлечения, заказ столика где-нибудь. Кроме того, сегодня день рождения нашей дочери, так что придется устраивать небольшую вечеринку (с какого возраста это перестанет входить в мои обязанности?).

Суббота — день, который я люблю меньше всего, а мой муж его обожает. Думаю, я испортила ему много суббот, как он испортил мне много понедельников. Если бы только наши любимые дни совпадали, тогда семейную жизнь наверняка было бы проще спланировать.

Собираю волосы в пучок, перед тем как встать под горячий душ (вода моей любимой температуры). Мой муж зашел в ванную комнату, когда я раздевалась, но моя нагота не произвела на него особого впечатления. Он не взглянул ни на грудь, ни на ягодицы. Сколько раз нужно увидеть человека обнаженным, чтобы перестать приходить от этого в волнение или возбуждение? С какого момента чары начинают развеиваться? Через полгода, три года, десять лет? Почему, когда в три тысячи шестисотый раз видишь кого-то обнаженным, не испытываешь тех же чувств, что и в первый раз? Отчего нагота теряет свою притягательность?

Мой муж сидит на полу, прислонившись к ванне. Он любит разговаривать со мной, когда я принимаю душ, через занавеску, словно в приемной монастыря или тюремной комнате свиданий. Он рассказывает мне о проблемах, с которыми столкнулся на работе на этой неделе. Я узнаю, что в среду уволили одного из его коллег по отделу. Они не были особенно близки, но он был потрясен тем, как об этом сообщили остальным сотрудникам.

Я склонна забывать об этом, но мой муж часто сообщает мне важные новости с задержкой. Как будто ему нужно переварить информацию, прежде чем передать ее мне (путь интроверта). Из-за этого небольшого временно́го разрыва у меня создается впечатление, что мы живем в разных часовых поясах.

С опозданием делясь со мной своими сомнениями, а также пережитыми за неделю печальными и радостными событиями, он бегло листает журналы с волнистыми от влаги страницами, которые специально разложены на полу ванной комнаты в ожидании момента, когда мой муж, усевшись рядом с ванной, поведает мне о событиях прошедшей недели через занавеску для душа. Я выключаю воду, он в свою очередь встает и протягивает мне полотенце.

Когда я спокойно завтракала за столом, мой муж внезапно предложил мне пойти с ним поздним вечером в кино. «Можно попросить Зои присмотреть за детьми и посмотреть фильм, о котором мне рассказывали на прошлой неделе,» — говорит он. От удивления я роняю на пол бутерброд.

Вытираю губкой клубничный джем, который на белой плитке выглядит, как свернувшаяся кровь. Ищу предлог, чтобы отказаться. Я прочитала рецензию на фильм: в нем рассказывается о расставании, о мужчине, который ведет двойную жизнь, и о распадающемся браке, а я не желаю, чтобы мой муж соприкасался с информацией, касающейся неверных мужей.

Конечно же, я осознаю, что не могу запретить ему знакомиться с такого рода изображениями или историями, но, когда у меня есть выбор, я предпочитаю этого избегать. Например, я никогда не дарю ему романов на эту тему. Тем не менее каждое Рождество и каждый день рождения повторяется одно и то же: супружеская измена и семейная драма неизменно являются самым распространенным литературным материалом. Почему бы писателям не придумать историю о муже и жене, которые любят друг друга с безграничной страстью? Неужели в супружеской любви так мало романтического? Когда мы едем в моей машине, я выключаю автомагнитолу, чтобы мой муж не услышал новый альбом голубоглазого певца, который звучит у меня на повторе: к сожалению, он сочинил удачные припевы, в которых поется о достоинствах спокойного и спасительного расставания.

Я напоминаю мужу, что сегодня у нас трудный день, и это действительно так. Организация вечеринки по случаю дня рождения нашей дочери и без того кажется мне невыполнимой задачей, так что не стоит усугублять ситуацию. Будем надеяться, что к следующим выходным фильм исчезнет из проката.

В теннисный клуб я приехала чуть позже обычного — Люси уже была там. Когда она подошла ко мне (мы встречаемся на полпути), я едва не сделала комплимент ее прическе (она явно посетила парикмахера). Но больше я на эту удочку не попадусь, поскольку во вторник вечером усвоила урок с моими восторженными замечаниями по поводу платья Луизы. И потом, я тоже побывала у парикмахера на этой неделе, почему Луиза оставила это без внимания? Почему именно я всегда должна унижаться, расточая похвалы?

В процессе игры мое сердце начинает учащенно биться — приятное ощущение, ведь на сей раз мой муж не имеет к этому никакого отношения. Мне нравятся физические нагрузки, однако я не пытаюсь превзойти себя. Люси отвратительно играет, а я скорее весело проигрываю. С легкостью поддаюсь в последний момент, даже когда у меня есть преимущество. И соглашаюсь на проигрыш так, словно неудача является частью меня: я покоряюсь. При этом я не испытываю ни злобы, ни протеста. Мне не обязательно над кемто доминировать, чтобы ощущать полноту бытия.

После партии в теннис мы идем пить кофе в клубный бар, из которого открывается вид на корты. Я рассказываю Люси о моем муже, о моих детях, о моих учениках, о наших планах на лето; Люси рассказывает о Пьере, о своей дочери, о своем продвижении по службе, о том, как продвигается ремонт в их загородном доме.

— Ты слышала последнюю новость про Марион?

Упоминание о Марион, сестре Люси, мгновенно выводит меня из оцепенения (разговор был не слишком увлекательным). Марион сорок лет, как и мне. Она преподает литературу в университете, пишет книги о куртуазной любви и рассказывает на радио о средневековой поэзии. Она дважды была замужем, но не имеет детей. Эта очень красивая женщина (изящные руки, длинные ресницы, безграничное обаяние) принадлежит к тому типу людей, с которыми хочется оказаться за одним столом: она рассказывает в лицах истории, которых, кажется, знает великое множество, а ее заливистый смех слышен даже из кухни. Я встречалась с Марион всего два или три раза, но регулярно узнаю новости о ней от Люси, которая часто жалуется на выходки своей старшей сестры. В прошлом году Марион приехала домой в слезах: на ней было покрытое грязью подвенечное платье, а ее глаза почернели от растекшегося макияжа. Вот причина: Марион бросили перед алтарем, как в кино, — тайная свадьба с четырьмя свидетелями, жених, который передумал за час до церемонии и сбежал в Англию со своей юной диссертанткой. Люси рассказала мне эту историю, находясь в отчаянии из-за нескончаемых трагедий, происходящих в жизни ее сестры. А я долго находилась под впечатлением от этой сцены. Представляла Марион в подвенечном платье в метро, с босыми ногами, с туфлями в руке, с растрепанными волосами, с черными от размазанной туши заплаканными глазами — какой романтичный и возвышенный образ!

Люси сообщает мне, что у ее сестры снова большая любовь со вторым мужем.

— Но это долго не продлится. Я жду следующей катастрофы, — добавила она.

— Почему ты так пессимистично настроена? Неужели все любовные отношения Марион обречены на провал?

— Одно я знаю точно. Моя сестра так одержима любовью, потому что это отвлекает ее от настоящих проблем. Любовь — это развлечение! Как просто в понедельник плакать из-за первого мужа, которого, по ее словам, она будет любить всю жизнь, а в среду находить утешение в объятиях второго после бурного романа с мужчиной, с которым она познакомилась в поезде на прошлой неделе... Гораздо проще думать о мужчине, чем о раке, с которым моя сестра безуспешно борется уже десять лет, или о своем бесплодии.

Я завороженно слушаю рассуждения Люси о любви как о развлечении, задаваясь при этом вопросом, что во мне есть от Марион.

Мне хотелось бы продолжить этот разговор: почему у Марион случаются такие бурные романы и почему они непременно заканчиваются неудачей? Почему ее сердце бьется сильнее, чем сердца других людей? Но, хотя Люси не произнесла ни слова, я поняла, что она предпочитает сменить тему. Ей ничего не нужно было говорить, потому что она зарделась, — я завороженно смотрю на то, как ее эмоции отражаются на ее щеках, ставших похожими на два дорожных знака: как ей удается оставаться загадкой для Пьера, если ее щеки предательски пылают?

В это мгновение я поняла кое-что важное о Люси, открыла для себя доселе неведомую черту ее характера. Я догадывалась об этом, но не могла подобрать нужного слова: Люси стыдлива. Я наконец нашла третье слово, характеризующее ее личность: Люси категорична, упряма и стыдлива.

Когда я не слишком поглощена собственными мыслями (которые по большей части касаются моего мужа — точное количество трудно определить, скажем, где-то 65%), я играю в игру, которая может длиться месяцами, а то и годами. Я часто задаю себе вопрос, как бы я описала кого-нибудь из моего окружения в трех словах? Это не столько попытка описания, сколько настоящий поиск смысла жизни: нужно подобрать три слова, которые отражают то, что делает человека именно таким, какой он есть, и никем другим. Например, в конечном счете я определила, что Луиза — взбалмошная, шумная и прямолинейная, а Николя — элегантный, сдержанный и внимательный, но мне потребовалось много времени, чтобы убедиться в правильности каждого из этих слов (так, первое слово, определяющее личность Луизы, не «юморная», «озорная», «комичная» или «веселая», но «взбалмошная»). Я также взяла за привычку располагать определения в порядке важности: первое — наименее значимое, тогда как третье наиболее точно отражает тайну личности (в случае с Луизой это, конечно, слово «прямолинейная»).

Это невероятно захватывающее занятие, поскольку даже два человека, которые на первый взгляд очень похожи друг на друга (в социальном плане, по характеру), всегда определяются тремя разными словами. К примеру, все мужчины, в которых я была влюблена, относятся к одному и тому же типу, и все же у них нет ничего общего. Адриан был нежным, эгоистичным и неуверенным в себе (в английском языке в этом случае используется прилагательное *insecure*). Антуан был гордым, здравомыслящим и эстетом. Арно был страстным, добрым и деятельным.

У меня ушло четыре года на то, чтобы подобрать три слова для описания личности моего мужа. Чтобы почувствовать, что с помощью трех прилагательных я смогу досконально и объективно охарактеризовать его. Итак, мой муж харизматичный, интровертный и противоречивый. Он также обладает прекрасным чувством юмора и наделен незаурядной щедростью, но это не важно: не это делает моего мужа тем, кем он является. Он был бы тем же человеком и без чувства юмора или щедрости, но не без своей харизмы, интроверсии и, конечно же, противоречивости.

Его харизма бросилась мне в глаза в день нашего знакомства. Под словом «харизма» в действительности кроются тысячи микровпечатлений, которые мой муж сеет везде, где бы он ни был: аура, внутреннее достоинство, импозантность, неподражаемая манера говорить и держаться, уверенность в себе и в своей красоте. Он покоряет. Он привлекает. Он удерживает.

Однако я далеко не сразу заметила его интроверсию, потому что у моего мужа много друзей и он любит общение. К тому же он не робкий. Но в конце концов я поняла, что таким образом он просто пополняет свои запасы энергии. Для того чтобы принять важное решение или переварить непредвиденную новость, ему требуется уединение. В решающие моменты он делает неуловимое движение внутрь: когда экстраверт инстинктивно обращается к другим людям (как, например, Луиза), он погружается в себя (и одновременно ускользает от меня).

Мой муж харизматичный интроверт, но основная его черта —противоречивость. Именно это определение далось мне тяжелее двух других, поскольку эта часть его личности ускользала от меня дольше всего. Зато, подобрав его, я испытала самое большое удовлетворение. Я наконец обрела уверенность в том, что знаю мужчину, с которым связала свою жизнь.

Противоречивость — это сосуществование двух противоположных и несовместимых реальностей. Мой муж полон противоречий, он состоит из дорог, по которым едешь по встречной полосе, и рек, по которым плывешь против течения. Он спокоен и крайне тревожен: его спокойствие и тревожность одинаково подлинны, они уживаются вместе. Он жаждет свободы, но мечтает о семейной жизни. Он в равной степени любит и презирает социальный успех и блестящую карьеру в сфере финансов в Лондоне. Он обожает быть среди людей, но нуждается в одиночестве. Он стремится встречаться с людьми и выступать перед аудиторией, хотя ненавидит быть в центре внимания. Короче говоря, он словно постоянно борется со своей сущностью.

Поскольку принимаемые им решения всегда причиняют ему некоторый дискомфорт, мой муж завидует людям, которые проживают жизни, отличные от его собственной. Противоречия, которые его пронизывают, создают в нем благодатную почву для ревности — я даже долгое время задавалась вопросом, не вращается ли третье характеризующее его слово вокруг его завистливой натуры, но я путала причину и следствие. Его двойственное отношение к Николя — хороший тому пример. Независимый нрав Николя, первенец, который родился у него в сорок лет, его современная двухэтажная квартира, расположенная в самом центре города, его высокий пост в финансовой сфере — все это вызывает у моего мужа равные по силе зависть и презрение.

Однажды я совершила ошибку, попросив его назвать три слова, которые меня характеризуют. Он ответил без особых колебаний: очень красивая, холодная, влюбленная, наблюдательная.

— Получилось четыре! — запротестовала я. — Так нечестно! — Я отреагировала на число, чтобы скрыть свое глубокое смущение. — Влюбленная в тебя? Ну разумеется! Хочу тебе напомнить, что мы женаты, — продолжила я с нарочито равнодушным видом.

— Нет, не влюбленная в меня, а просто влюбленная. Влюбленная в любовь, — уточнил мой муж.

— Я не влюблена в любовь! Это означало бы, что я люблю состояние влюбленности больше, чем тебя, а это не так. — Я защищалась изо всех сил, приводила достойные аргументы, но он лишь улыбнулся:

— Слушай, если это неправда, почему ты так разволновалась?

Я возненавидела эту игру.

Во время наших с Люси утренних встреч в теннисном клубе мой самый любимый момент, наверное, когда мы идем пить кофе. Во всяком случае, мне бы хотелось, чтобы он длился как можно дольше. Поскольку именно тогда, впервые за всю неделю, меня ждет мой муж, а не наоборот. В полдень он находится дома с детьми. Затем хлопает дверь моей машины, по цветочной аллее раздаются мои шаги, которые возвещают о моем возвращении, слышится звук проворачиваемого в замочной скважине моего ключа — на сей раз я появляюсь в прихожей с теннисным рюкзаком за спиной, пока на кухне готовится еда. Его ожидание важно для меня, поэтому я искусственно создаю его, выходя на корт каждую субботу и без особого желания выпивая вторую чашку кофе за барной стойкой.

Я не очень люблю теннис, поэтому мне не так просто вставать субботним утром, чтобы отправиться на тренировку. Но я мотивирую себя тем, что буду заниматься чем-то помимо моего мужа (действительно ли это так?), а главное, я исчезну из его поля зрения. Наконец-то я буду недоступной и занятой. Таким образом, я вернусь через пару часов слегка обновленной (в одиночку получу новые впечатления), с упругим, чистым после душа телом (в таком виде я нравлюсь ему больше всего).

Я хожу на теннис, засиживаюсь в лицее за проверкой письменных работ, ужинаю в ресторане с подругами, притворяюсь спящей, когда он приходит домой поздно вечером, в надежде, что он скучает обо мне всякий раз, когда меня нет рядом. Тем не менее я знаю, что уже давно утратила преимущество новизны. Он больше никогда не посмотрит на меня как на незнакомку, входящую в бар, или как на жену другого мужчины. Но я, вероятно, никогда не пойму, почему так и не перестала наблюдать за моим мужем издалека, с такого расстояния, которое необходимо для того, чтобы им восхищаться.

К счастью, это событие происходит у каждого из детей лишь раз в год. Возможно, я плохая мать, но я не представляю, как даже любящий родитель, если он в здравом уме, может вытерпеть вечеринку по случаю дня рождения своего ребенка. Вот мое определение ада: шумные дети в центре внимания, родители, суждения которых друг о друге столь же скромны, как красное платье, которое сегодня на мне надето (то есть в них нет и намека на скромность).

Как ни странно, всеобщие взгляды были устремлены вовсе не на мое декольте, а на шарлотку с клубникой, возвышающуюся на столе. Все меня спрашивают, сама ли я ее приготовила. Я заметила, что многие родители одержимы странной навязчивой идеей: выяснить, кто из матерей самостоятельно печет пироги на день рождения своего ребенка. Существует ли доказанная причинная связь между тем, чтобы быть хорошей матерью и каким-нибудь кулинарным талантом? Мне ни в одной статье не доводилось читать о чем-то подобном, хотя, должна признаться, меня больше интересует тема любви, чем материнства. Оказалось, это дело рук моего мужа, вследствие чего меня одарили одобрительными улыбками (*мне повезло*, что мой муж умеет готовить). В этот момент я сочла излишним упоминать, что, помимо этого, он привязал воздушные шарики на воротах дома, развесил разноцветные гирлянды между деревьями, накрыл стол скатертью с изображениями животных и наполнил большие стеклянные графины лимонадом со льдом. Он также установил в саду звуковые колонки. Сегодня повсюду видны многочисленные проявления заботы моего мужа о нашей дочери: кажется, *мне повезло*. Но быть отличным отцом не значит быть отличным мужем.

Детей становится все больше и больше. Среди них — одноклассники моего сына (я обнаружила, что даже в школе у моих сына с дочерью один и тот же круг общения; насколько я помню, раньше существовала непреодолимая граница между маленькими второклассниками и взрослыми четвероклассниками). В этот день все слишком красное. Слишком беспокойное. Слишком много шума, слишком много солнца, слишком много просьб. Меня предупреждают, что не хватает пластиковых стаканчиков, мой муж просит меня принести охлажденную бутылку белого вина. Люси обращается ко мне с вопросом: ее дочь Анаис испачкала юбку клубничным соусом — не найдется ли у меня какого-нибудь средства, чтобы как можно скорее удалить пятно? Остался ли еще лимонад в одном из холодильников? Где туалет? Можно выпить стакан обычной воды? У моего сына аллергия на орехи, не навредит ли ему шарлотка?

Нас фотографируют вчетвером, когда моя дочь задувает свечи (получится идеальный семейный портрет — этот день не пройдет даром). Затем она распаковывает подарки: от друзей, от брата (мой сын впервые дарит что-то своей сестре; интересно, знал ли мой муж заранее об этом?), затем от нас. Восемь подарков в честь ее восьмилетия, среди которых — разноцветные пайетки для украшения одежды, книга от любимого иллюстратора и акварельные карандаши. Я обратила внимание на то, что мой муж упаковал их в оберточную бумагу восьми видов, в результате чего образовался ворох разномастных, но прелестных цветов, материалов и форм. Я испытываю одновременно умиление и ревность. Не могу вспомнить, когда в последний раз мой муж потратил время на то, чтобы разнообразить оберточную бумагу и цвет бирок для упаковки каждого подарка, который предназначался для меня. Мне он дарит выходные в Венеции, ночи в отеле, ужины при свечах, вечера в опере или театре; это, конечно, милые знаки внимания, но они эфемерны и, главное, не нуждаются в разноцветной упаковочной бумаге. Кроме того, я ни разу не заслужила домашнего пирога и гирлянд между деревьев.

Я обнаруживаю, что моя дочь общительна и улыбчива, даже болтлива (выходит, она унаследовала отцовскую харизму — не знаю, хорошо ли это). Ничего не понимаю: обычно дома из нее и слова не вытянешь. В ходе разговора я узнаю, что она хочет стать ветеринаром. Мне становится понятно, почему некоторые из ее друзей подарили ей соответствующие подарки и почему мой муж выбрал скатерть с изображением животных. Он-то наверняка об этом знал. У меня такое чувство, что я провела два года где-то далеко от них или очнулась после долгой комы. Я ничего не знаю о собственной семье.

Я перестаю считать бокалы вина. Мне не следует так много пить в столь враждебной обстановке. В пьяном виде я теряю самообладание. Боюсь невольно поморщиться, когда мой муж говорит обо мне в третьем лице, хотя я нахожусь рядом; зажаться, когда он настаивает на том, чтобы я рассказала о переводе, над которым сейчас работаю («Бестселлер молодой ирландской писательницы, по которому снят сериал, — дорогая, тебе очень повезло, правда?»). Наливаю себе еще вина, чтобы не вмешаться, когда мой муж превозносит мои переводческие способности перед окружившей его небольшой группой гостей, при этом сознательно умалчивая о том, что я также преподаю в лицее (учительница — намного менее впечатляющий трофей).

Выйдя из кухни, я обнаруживаю, что мой муж оживленно беседует с Люси. Он без всякого смущения пожирает ее глазами так жадно, словно она раскрывает ему тайну сотворения Вселенной (хотя она, вероятно, рассказывала о ремонте, который они с Пьером делают в своем загородном доме, а поскольку я уже слышала обо всем этом сегодня утром, мне известно, что этот разговор малоинтересен). Это похоже на то, как если бы они занимались любовью посреди сада. Это не бред. На лице Люси написано, что мой муж с ней флиртует, — доказательством тому служит румянец на ее щеках.

И тогда я полностью слетаю с катушек. Теперь мною управляет не мозг, а утроба. Я увлекаю Пьера за собой под предлогом того, что мне нужна помощь на кухне. Он слегка растерянно, но охотно следует за мной, прекрасно понимая, что мы поднимаемся на второй этаж, тогда как кухня находится на первом. Закрываю за собой дверь ванной комнаты на шпингалет и набрасываюсь на него. Мой муж пожирал Люси глазами, а я пожираю ее мужа языком. Око за око, зуб за зуб.

Вначале Пьер был удивлен, а затем постепенно начал отвечать на мои поцелуи. Он оттягивает за волосы мою голову назад, словно заколебавшись на мгновение, но сдается, когда я запускаю пальцы ему в брюки. Он едва успевает проговорить: «Что ты делаешь?» Я спускаю трусики и направляю его рукой. Входя в меня, он с отчаянием хватает меня за груди, цепляется за них, как за два выступа на скале. Все вокруг исчезает: дверь, к которой прижаты мои ягодицы, ванная комната, в которой я принимаю душ по утрам, муж моей самой близкой подруги. Я перенеслась куда-то в Альпы и очутилась посреди широкой дороги, в трехстах метрах над пропастью. В его отчаянных движениях есть нечто головокружительное. Может, дело в запрете на внебрачный секс, или Пьер обращается с Люси так же брутально? Неужели Пьер всегда занимается любовью, как в последний раз?

Это длилось не более одной-двух минут, но этого времени мне хватило, чтобы осознать, что я натворила. Какой неоправданный риск. Изменить своему мужу при стольких свидетелях. Да еще и в субботу, хотя я делаю это исключительно по четвергам. Правила были придуманы не просто так, а для моей безопасности. Почему я нарушила их?

Перетерпеть, затем вечером достать блокнот и записать в него то, что меня огорчило. Не спешить, посмотреть на происшедшее со стороны. Правило гласит: прежде чем что-либо предпринимать, нужно дождаться следующего дня.

Я выхожу из ванной комнаты, дрожащая и вспотевшая, и в этот момент встречаюсь взглядом с мужем, который видит меня в окне второго этажа. Он стоит в саду со стаканом в руке и неотрывно смотрит на меня. Он отворачивается, но я уверена: его глаза вперились в мои.

Меня охватывает такая сильная паника, что, кажется, еще немного, и я утоплюсь. Мог ли мой муж меня видеть? Может, это как за зеркальным стеклом: я его видела, а он меня — нет? Разглядел ли он только силуэт или увидел, как я выхожу из ванной комнаты, а следом за мной — Пьер, поспешно поправляющий одежду?

Нужно сохранять спокойствие. Взять себя в руки, мыслить рационально, свести все воедино. Мой муж был в саду. На расстоянии примерно пятнадцати метров от дома. Я находилась на втором этаже, высота этажа составляет три метра, но поскольку первый этаж приподнят над землей, уже получается, по меньшей мере, пять метров, впрочем, можно округлить до шести. Получается прямоугольный треугольник, стороны которого равны пятнадцати и шести метрам. Пифагор, Пифагор, Пифагор... О чем говорит формула? Квадрат длины гипотенузы равен сумме квадратов длин катетов... пятнадцать в квадрате будет двести двадцать пять... шесть в квадрате — это тридцать шесть... Двести двадцать пять плюс тридцать шесть получается двести шестьдесят один. Теперь нужно извлечь корень из двухсот шестидесяти одного. Шестнадцать умножить на шестнадцать — это двести пятьдесят шесть, семнадцать на семнадцать — двести восемьдесят девять... Итого получается: примерно шестнадцать-семнадцать метров. Именно это расстояние разделяло нас с мужем. Это мало, действительно мало.

И потом, сколько бокалов вина выпил мой муж? Четыре, пять? В любом случае он не пьян. Достаточно ли этого, чтобы затуманить его взор? Семнадцать часов, день летнего солнцестояния, солнце уже далеко на западе — я должна была стоять против света.

Смотрю на свое отражение в зеркале прихожей и в последний раз приказываю себе сохранять спокойствие. Сначала я заново наношу помаду, чуть более темного цвета, чем обычно, — среднего между фиолетовым и коричневым. Затем распускаю светлые волосы, чтобы не переделывать растрепавшийся пучок; они струятся по моей спине, меня спасает тщательно сделанная укладка.

Что бы ни случилось, не подавать виду. Контролировать себя. Даже если мой муж видел меня, он подумает, что ему это померещилось. Не может же он, находясь в здравом уме, поверить, что его жена отдалась другому мужчине на дне рождении собственной дочери. Неправдоподобие случившегося будет моей лучшей защитой.

Когда я вернулась в сад, Люси спросила, все ли у меня в порядке, ей показалось, что я изменилась в лице. Действительно, я погрузилась в мысленные вычисления (корень из двухсот шестидесяти одного ровно не извлекается), кроме того, я только что испытала оргазм (от этого у меня бывает румянец) и чувствую, как сперма ее мужа стекает у меня между ног. Будет ли это заметно окружающим?

Наконец дети легли спать. Я наспех открываю бутылку вина. С улыбкой подхожу к моему мужу, держа в каждой руке по бокалу. Наконец-то мы одни. На сей раз освещение идеально. Я правильно сделала, что избавилась от прежнего светильника, разбив его, и что купила вчера новый.

Теперь я расслаблена, почти безмятежна. Мой муж не знает про Пьера. Если бы он меня увидел, он бы сказал мне об этом: «Что ты делала в ванной комнате? Я видел, как ты вышла из нее с Пьером, между вами что-то есть?» Но мой муж не задал мне ни одного вопроса.

Однако я готова поклясться, что мы обменялись взглядом через окно второго этажа. Хотя это не одно и то же — увидеть кого-то и обменяться взглядом. Обмен взглядами подразумевает взаимность: это бессознательные посыл и ответ. Хищник смотрит в упор на свою жертву, та поднимает глаза и внезапно понимает, что ей уготовано. Должно быть, мне это привиделось.

У моего мужа приподнятое настроение — возможно, я услышу признание в любви или несколько нежных слов. Поскольку (хотя все дни моей недели проходят под знаком любви) мой муж любит меня сильнее по субботам. И этим нельзя не воспользоваться.

Мой муж включает в гостиной классическую музыку. Такое происходит нечасто — интересно, как я должна это истолковать? Мой музыкальный блокнот на этот счет ничего не говорит. Кажется, звучит Моцарт, мелодия мне хорошо знакома. Разумеется, я не прошу мужа подтвердить мою догадку: что бы он подумал, если бы узнал, что его жена не способна узнать Симфонию №40, соль минор, написанную самым известным композитором в мире? Хоть мой муж и знает, что мы с ним происходим из разных социокультурных сред, я приложила столько усилий, чтобы скрыть это, что мне кажется, зачастую он об этом забывает, — поэтому ни к чему ему об этом напоминать.

Едва мы сделали по первому глотку вина и драматичные скрипичные аккорды сменились меланхоличными гобоями (может, это Гайдн? Во всяком случае, кто-то после Баха, из второй половины XVIII века — равномерно темперированный музыкальный строй и очень простой гармонический язык), как на лестнице послышались шаги. В дверном проеме появилась моя дочь.

Вот уж не думала, что прошу для себя слишком многого, желая провести вечер наедине с мужем. Мы и так целый день все вместе отмечали ее день рождения.

Дочь прошептала, что у нее болит живот. Забравшись ко мне на колени, она уткнулась носом в мою шею. Единственная отчетливая мысль, которая пришла мне в голову: сейчас она испортит мой макияж. От бронзирующей пудры, которую я нанесла на декольте и щеки, чтобы выглядеть привлекательно, не останется и следа.

Я ощущаю себя чудовищем из-за того, что думаю о своем цвете лица в тот момент, когда дочь дрожит у меня на руках. Спохватываюсь, глажу ее по голове и прижимаю к себе ее горячее, как круассан, тельце. Даю знак мужу, что позабочусь о ней, и поднимаюсь вместе с ней в ее комнату. Измеряю ей температуру и в то же время успокаиваю ее. Протягиваю лекарство, растворенное в стакане воды (я знаю, что она не любит глотать таблетки): если через час ей не полегчает, мы вызовем врача. Наконец, я ложусь рядом с ней и принимаюсь тихонько напевать ее любимую песню.

Sunny, thank you for that smile upon your face.
Sunny, thank you for that gleam
that flows with grace.

You're my spark of nature's fire,
You're my sweet complete desire.
Sunny one so true, I love you[1].

Я уже давно не пела для нее, хотя, когда она была маленькой, я делала это довольно часто. Мне было проще использовать слова других людей, чтобы выразить ей свою любовь. Она снова и снова спрашивала меня о значении английских слов, пока не заучила их наизусть («Мама, что означает *you're my spark?*»).

Когда моя дочь начала засыпать, я вышла из ее комнаты, бесшумно закрыв за собой дверь. Гнусная. Виновная. Гнусная, поскольку считаю, что она украла у меня время, которое я должна была провести наедине с моим мужем. Виновная в том, что смотрела на часы. Но я уделила ей время и поступила так, как, наверное, поступила бы хорошая мать.

---

[1] Песня Марвина Гэя *Sunny*; позже ее перепел квартет *Boney M*, добавив популярности.

Солнышко, спасибо тебе за улыбку на твоем лице.
Солнышко, спасибо тебе за свет,
Что ты даришь с таким изяществом.
Ты — моя искорка от большого огня,
Ты — мое сладкое исполненное желание.
Солнышко, ты такая верная, я люблю тебя.

Едва покинув ее комнату, я слышу, как она вновь зовет меня. Что? Я уже отнеслась к ней с необходимой долей терпения.

Вернувшись назад, зажигаю светильник на тумбочке, наклоняюсь и смотрю ей прямо в глаза — маска доброй мамы исчезла. Хватаю ее за запястье и сжимаю его так сильно, чтобы почувствовать, как ее ручонка застывает в моей руке. И с леденящим кровь безразличием шепотом приказываю ей: «Засыпай сейчас же».

Когда я вернулась в гостиную, было уже слишком поздно: мой муж допил свой бокал вина. Момент упущен.

Мой муж начал закрывать ставни, и тут я не выдержала. Я встала позади него, а он высунулся из окна, чтобы поймать крючок. Мы уже несколько лет планируем установить другое устройство, так как крючок расположен слишком далеко, и, чтобы дотянуться до него, приходится вставать на цыпочки: это очень опасно. Я приблизилась к мужу почти вплотную, мое дыхание коснулось его шеи, и у меня в голове пронеслась мысль: толкни его. Хватит ли у меня сил перебросить его через подоконник? А если он ухватится за балюстраду, буду ли я способна надавить на его пальцы, чтобы он упал вниз? Уверена, что да. Вокруг полная темнота, ни одного свидетеля, никто из соседей не выйдет в поздний час выгулять собаку. Я знаю, что ничем не рискую. Только мне решать: достоин мой муж жить или нет? Я с легкостью представляю, как он без сознания лежит на земле: у него проломлен череп, кровь заливает его мозг. Еще проще мне представить себя в роли безутешной вдовы (черный цвет идет блондинкам) — женщины, у которой все было для счастья, пока нелепый несчастный случай не изменил ее жизнь. Поколебавшись, я отказываюсь от этой идеи и отступаю назад. Возможно, это несоразмерная месть в наказание за то, что он заставляет меня спать при закрытых ставнях. Вместо этого красные слезы ярости хлынули из моих глаз, как два извергающихся вулкана. Почему он не готов идти даже на малейшие уступки?

Обернувшись, мой муж обнаруживает меня сидящей в слезах на краю кровати (почему он не выглядит удивленным?). Он наклоняется ко мне и спрашивает, что случилось. Я не могу разумно объяснить ему, что начинаю сходить с ума из-за того, что сплю в темноте, что с понедельника собираюсь серьезно восстать против этой организационной несправедливости и наказать его за это. У меня не получается рассказать, что я только что продумывала его убийство, задаваясь вопросом, как бы я оделась на его похороны (у меня есть вполне подходящее черное платье из коллекции прошлого сезона, но разве не уместнее было бы купить новый наряд по этому случаю?). Также я не могу сказать, что пошла на безумный риск, трахнувшись с Пьером во время празднования дня рождения нашей дочери. Кроме того, я не могу признаться ему, что по-прежнему жду от него объяснений по поводу мандарина: почему он решил отождествить меня с этим неказистым фруктом. Я даже не могу вновь попытаться припереть его к стенке: ты уверен, что не признавался мне в любви во сне в ночь со среды на четверг? Как ты можешь быть в этом уверен: а вдруг ты разговариваешь во сне, сам того не подозревая? Что позволяет тебе подвергать сомнению истинность моего восприятия, тем более что я, в отличие о тебя, не спала? И еще, объясни мне, если сможешь, почему ты вторично не взял меня за руку во вторник вечером, когда мы сидели на диване и смотрели телевизор?

Поскольку я не могу хладнокровно сказать ему правду, приходится что-то придумывать. Я бормочу: семья, дети, работа, брак. Смешиваю свои подлинные горести с первым, что приходит мне в голову. Получился неразборчивый поток слов, из которого он смог вычленить лишь то, что я сожалею, что мы все реже остаемся вдвоем. Он отвечает мне, что скоро отпуск и мы проведем несколько недель вместе.

Я злюсь на себя за то, что проявила слабость перед мужем. Зачем я строила из себя сильную женщину, если расплакалась на исходе дня? Зачем тщательно наносила макияж, если у меня только что по щекам растеклась тушь? И вдобавок из-за моих слез мой муж наверняка не займется со мной любовью этим вечером. Он не вступает в близость со мной, если видел меня плачущей в течение последних суток (может, слезы вызывают у него отвращение?).

Успокоившись, я все-таки осмелилась попросить его рассказать о том, как прошел наш день. Я стараюсь не делать этого слишком часто. Иногда он отказывается, если устал или не в настроении. Но этим вечером он с готовностью соглашается поучаствовать в игре.

Идея достаточно проста: он должен описать со своей точки зрения день, который мы провели вместе, от завтрака до отхода ко сну. Нужно выразить словами события, которые мы сообща пережили. Я предпочитаю услышать мнение моего мужа, поскольку больше доверяю его интерпретации фактов, зачастую куда более объективной, чем моя собственная. Кроме того, я заметила, что он склонен вычеркивать из своего повествования неприятности, огорчения, зевки и вздохи, которые в моей картине мира часто занимают так много места, что затмевают все остальное.

Он рассказывает мне о своем радостном пробуждении утром, о свежевыжатом апельсиновом соке, о пробежке вокруг озера, о завтраке с детьми, о радиопередаче про домашнего кабана, которая очень рассмешила их, о нашем разговоре в ванной комнате, о походе с детьми в библиотеку, где они встретили родителей одноклассника нашего сына — его отец — адвокат, а мать — пилот самолета, нужно как-нибудь пригласить их на ужин, — о подготовке к вечеринке по случаю дня рождения нашей дочери, а также о том, как он был счастлив видеть ее радостной в окружении друзей, как покупал на рынке овощи и фрукты — и он еще заехал в кондитерский магазин, чтобы побаловать меня шоколадом с малиной, — о возвращении домой на машине, о радиопередаче, посвященной экологическому кризису, которая заставила его задуматься: достаточно ли мы предпринимаем усилий? в каком мире будут расти наши дети? — о настольной игре, в которую мы играли вчетвером после ужина, об умилении, которое он испытал, глядя на то, как хорошо относится наш сын к своей сестренке, как они дружны, об удовольствии от бокала вина, выпитого им после того, как дети легли спать, — его любимого вина, ящик которого Пьер ежегодно привозит ему из Бордо, — о Пьере, который почему-то вел себя странно этим вечером, о нашей дочери, показавшейся в проеме двери, о скучных передачах по телевизору, о его внезапной усталости, о постели, о лежащих на прикроватной тумбочке дорогих его сердцу часах, которые были подарены ему на день рождения, — кстати, интересно, не повредил ли он их вчера? — о моих слезах, вызванных усталостью, и, наконец, о том, как я, успокоившись, повернулась к нему лицом; он знает, что означает этот взгляд: я собираюсь попросить его рассказать о нашем дне с его точки зрения.

Я внимательно вслушиваюсь в каждое слово, потрясенно глядя на наш мир, словно из окна напротив.

Затем мой муж просит меня раздеться. Он вновь занимается со мной любовью, в день, когда я трахнулась с другим мужчиной (я начинаю верить в силу его мужского инстинкта)... Я так счастлива. О подобном я и мечтать не смела: во-первых, потому что несколько минут назад плакала на его глазах, а во-вторых, потому что мы уже занимались любовью в четверг вечером. Один раз в неделю — вполне разумно, к тому же это наш средний показатель (я прекрасно помню наши статистические данные, записанные в одном из блокнотов: они приближаются к среднему показателю по Франции). Один раз в неделю — достаточно, ни много, ни мало. Не о чем хвастаться перед Николя на мальчишниках, но и краснеть тоже не за что. В сорок лет раз в неделю — это в пределах нормы. А я как раз и хочу быть нормальной.

После этого он поцеловал меня, повернулся на свою сторону кровати и заснул. Терпеть не могу, когда он поворачивается ко мне спиной, но так ему лучше спится, какое я имею право упрекать его за это? Обязан ли муж спать лицом к жене? Как это происходит у других супружеских пар?

Мое тело тут же начинает чесаться. Мне не удается уснуть, несмотря на то что я усиленно нажимаю большим и указательным пальцами на тыльную сторону запястья. Даже вопросы, которые обычно меня успокаивают, не дали никакого эффекта. Даже колыбельная, которую я сочинила, не помогла мне:

Не печалься, не печалься,
Он сказал, что безусловно,
он сказал, что безусловно
Не разлюбит меня завтра,
не разлюбит меня завтра.

Я думаю о своем зудящем теле и о теле моего мужа, которое так близко и вместе с тем недоступно для меня (у меня голова идет кругом при мысли, что менее десяти минут назад он был во мне). По ритму его дыхания я заключаю, что он не спит: он дышит слегка учащенно, то есть, скорее всего, притворяется спящим. Нет, я уверена: мой муж не спит (если я что и могу с точностью определить, так это спит он или нет), и я должна помешать ему заснуть, потому что не сплю сама.

Он слышит, как я ворочаюсь, чешусь, размышляю (вряд ли он слышит, как я размышляю, но, с другой стороны, мне известно, что мозг потребляет много энергии при напряженной мыслительной деятельности, — может быть, именно это тепло ощущает сейчас мой муж?).

Мы легли спать более часа назад. Я стараюсь не шевелиться. Чувствую, что мой муж сердится на меня из-за того, что не может заснуть. Мое укоризненное присутствие в постели изматывает его. И в самом деле у меня много упреков, касающихся его манеры спать: так ли ему нужна полная темнота? Почему он спит ко мне спиной? Почему мы не можем спать, прижавшись друг к другу? Почему он с такой легкостью засыпает после тяжелого дня, тогда как я могу несколько часов проваляться без сна?

И вдруг, резко повернувшись, он склоняется надо мной. Я вздрагиваю и замираю. Его лицо оказывается рядом с моим, он заносит надо мной руку. Время замедляется, почти останавливается. Мой муж сейчас схватит меня за шею, крепко сожмет ее. Он будет сдавливать мою шею до тех пор, пока у меня не перехватит дыхание. Ему надоело *слушать*, как я размышляю, и чувствовать, что я его рассматриваю. Он знает, что я записываю наши разговоры и переслушиваю их на телефоне. Он знает про Пьера. Он чувствует, что за ним ведется слежка. Он собирается задушить меня, хотя в действительности задыхается сам. Он хочет меня уничтожить. Я умру под его пальцами, потому что он доведен до предела.

Мой муж нависает надо мной, его рука тянется к моей шее. Я не буду ему перечить. Я не буду ни кричать, ни сопротивляться.

Лицо мужа приближается вплотную к моему лицу, он целует меня в щеку:

— Милая, ты не спишь?

Воскресенье

Воздух в этот час искрится, кухня залита солнцем. Я слышу, как этажом выше распахиваются ставни, как дети спускаются по лестнице. Дом просыпается.

Мои дети достают чашки из шкафа, спрашивают, хорошо ли я спала (разве не наоборот должно быть?). Ритуал завтрака проходит гладко, он раздражает меня меньше, чем ритуал ужина (не знаю почему, но я испытываю особенную нежность к своим детям, когда они в пижамах). Тем временем мой муж включает бразильскую музыку, которая идеально сочетается с запахом поджаренных ломтиков хлеба и спокойной атмосферой воскресного утра.

Когда я допивала свой кофе, он наклонился к моему уху и прошептал: «Нам нужно поговорить». И, немного помолчав, добавил: «Кое о чем важном». Я застыла, не в силах произнести ни слова, но не продемонстрировала никакой реакции. Сейчас самое время побыть холодной красавицей. Я делаю глоток кофе, чтобы перевести дух.

Я уверена, что мое сердце на мгновение замерло. Я читала очень серьезную статью о синдроме разбитого сердца. Японцы называют его синдромом такоцубо. Французские врачи говорят скорее о нарушении функции сердечной мышцы. Сердце останавливается из-за острого стресса, а затем снова начинает биться. Словом, я знаю, что умирать от любви могут не только героини романов XVII века.

Осторожно прикладываю руку к груди: я чувствую, как сокращается мое сердце за грудиной — на мгновение клапаны закрываются, желудочки сокращаются. Все в норме.

Мой муж произнес эту убийственную фразу, наклонившись ко мне и положив руку мне на талию. Почему он прикоснулся ко мне? Чтобы помочь мне справиться с шоком от этой новости, создав между нами физический контакт? Или же, напротив, таким образом он намекнул, что хочет сказать нечто важное, но не плохое? Что нам нужно поговорить об этом, но у меня нет никаких причин для беспокойства? Или это была попытка скрыть свои подлинные чувства при детях? Неужели он прошептал эти слова при них потому, что боялся моей реакции? Подло использовать их в качестве щита.

Мой муж как ни в чем не бывало вернулся к разговору. Допив кофе, он пошел наверх, чтобы принять душ, а я осталась сидеть за столом. Оглядываюсь по сторонам в поисках какого-нибудь зеленого предмета, который заверит меня, что мне не о чем волноваться. Но ничего не нахожу. Мой взгляд задерживается на зеленовато-синих настенных часах, висящих на кухне: что, если признать их темно-зелеными?

Дети что-то говорят мне, но я перестала понимать смысл их слов. В течение минуты они выражаются на неведомом мне иноземном языке. «Мама? Мама, ты в порядке?»

Мне хочется ответить: нет, я не в порядке, потому что мой муж сегодня вечером бросит меня. Или, если сформулировать в более доходчивой для них форме: ваш отец сегодня вечером бросит меня, понятно? Мы объявим вам об этом на следующей неделе после ужина, возможно, в среду вечером, когда подберем подходящие слова и дождемся нужного момента. Мы будем вчетвером сидеть за этим же столом, ваш отец встанет, чтобы выключить музыку, затем подойдет ко мне, торжественно положит руку мне на плечо, сядет за стол и заговорит первым: «Дети, мы с мамой должны сказать вам кое-что важное». Он будет разговаривать с вами, как со взрослыми. Он напомнит вам, что мы очень любили друг друга и наше расставание не повлияет на наши чувства. Он скажет вам, что вашей вины в этом нет, и мы, несмотря ни на что, остаемся семьей.

Я без усилий представляю себе эту сцену (я столько раз рисовала ее в своем воображении) и неожиданно обретаю внутреннее успокоение. Я не сошла с ума. Мои опасения были небеспочвенными, мой страх — оправданным. У меня были все основания для беспокойства: мой муж планировал бросить меня. Но больше всего я боюсь не этого. Я боюсь, что он уйдет, что он подаст на развод, что он изменит мне, что он не забыл свою юношескую любовь, что он влюбится в коллегу, что он окажется гомосексуалистом, что его страсть ко мне угасла. Список моих страхов можно продолжить, но один из них превосходит все остальные, доводя меня до безумия. Больше всего я боюсь, что однажды о нас скажут: этот мужчина прожил тридцать пять лет не с той женщиной.

Я испытываю неутихающую боль, словно осьминог обвивает и сжимает мое сердце. У меня болит все тело, я ничего не слышу, но мне стало легче. Расставание со мной пойдет моему мужу на пользу, изменит его судьбу к лучшему. Он всегда принимает верные решения и зачастую оказывается прав (в отношении произведений Пруста, в выборе пути объезда дорожного затора, в анализе геополитической обстановки на Ближнем

Востоке). Я слепо доверяю его суждениям: его сердце бьется ровно, он прекрасный отец. Если он решил уйти, значит, это правильный поступок, для которого настало подходящее время. Мне остается только подчиниться. Мне не следует ни о чем тревожиться или заботиться. Я могу отпустить его с полным доверием.

Облегчение, которое я чувствую, уменьшает мою боль. Такого рода облегчение внезапно приходит, когда то, чего долго боишься, наконец происходит. Когда играешь в прятки, и тебя находят. Когда горячо любимый близкий человек умирает после долгой болезни. Когда главного героя фильма ужасов настигает страшный зверь, который неотступно преследовал его. Довольно. Мне больше нечего бояться, потому что случилось то, что должно было случиться. Или даже так: мне больше нечего бояться, поскольку случилось худшее.

Я опасалась, что мой муж очень хотел развестись, но не осмеливался перейти к действию. Чем больше проходило времени, тем меньше его еженощное присутствие в нашей постели являлось для меня гарантией того, что он действительно хотел там находиться. Я знала, что брак, двое детей и дом силой удерживают его при мне. Как это ни парадоксально, в пору нашего знакомства я была куда спокойнее. Тогда его любовь ко мне была по́длиннее, поскольку ничто не держало его рядом со мной. Сейчас мне хочется кричать всем вокруг, сказать всем женщинам, которые ждут свадьбы как окончательного доказательства любви: брак ничего не гарантирует, кроме одного — ваш муж не признается в том, что изменил вам с коллегой, поскольку в этом случае лишится слишком многого. Я уж не говорю о детях, рожденных от любимого мужчины: благодаря им он оказывается годами привязанным к вам не по своей воле.

В младших классах любовь может пройти за одну перемену. В средних на это потребуется неделя: в понедельник мы вместе, а после последнего урока в пятницу расстаемся. А в старших — примерно один-два месяца: в сентябре влюбляешься, а в ноябре от любви не остается и следа. Момент расставания откладывается на все более поздний срок. В двадцать лет можно расстаться с возлюбленным через год; но, если одному из двоих не хватит смелости, расставание может занять два года. После сорока лет нам требуется не менее десяти лет для расставания. Десять лет между моментом, когда осознаешь, что отношения себя изжили, и моментом, когда принимаешь решение уйти.

К счастью, мой муж не труслив. Я всегда восхищалась его смелостью; хотя теперь эта черта его характера мне не совсем по душе, можно сказать, что в этом плане он прекрасный человек. Он не будет годами тянуть кота за хвост. Он уйдет от меня внезапно, в одночасье. Этим утром мы проснулись женатыми, а завтра проснемся разведенными (подумать только, скоро его губы будут недоступными для меня, я больше не смогу приблизиться к нему, чтобы поцеловать, я лишусь права называть его в разговоре «моим мужем»).

Первый раз распознать легко, а вот последний — редко когда удается. Как я могла почувствовать, что это был наш последний беззаботный понедельник? Последний ужин с друзьями? Последний раз, когда он занимался со мной любовью (знай я об этом заранее, я бы запечатлела в памяти моего тела каждое из его прикосновений, его дыхание на моей шее, то, как он перевернул меня на матрасе)? Кроме того, в другом масштабе, как я могла предвидеть, что это наше последнее совместное Рождество? Последний день рождения нашей дочери, который мы отпраздновали все вместе? Наш последний совместный отпуск? Если бы мы могли определять последние разы так же легко, как первые, несомненно, мы бы намного ярче прожили тысячи мгновений.

Все кончено. Мой брак распадается, это провал (коим всегда является разрыв). И все-таки я не знаю, сожалею ли о том, что выбрала жизнь влюбленной. Ведь каждый из нас в определенный момент должен принять решение: быть любимым или любить самому. Что бы ни говорили, нет такой пары, где любовь распределена поровну. В таком случае нужно определить, какую любовную жизнь мы хотим вести: будем ли мы тем, кто получает, или тем, кто отдает?

До встречи с моим мужем у меня был роман с парнем, который любил меня больше, чем я его. Я провела рядом с Адрианом два года, засыпая раньше него каждую ночь, — два одновременно беззаботных и бесстрастных года. Познакомившись с моим мужем, я сразу поняла, что с ним все будет наоборот: соотношение сил будет в его пользу. Поэтому я колебалась. Я даже прервала с ним общение спустя несколько месяцев после нашего знакомства, чтобы дать второй шанс Адриану. Последовали две недели сомнений под убаюкивающий шум волн. Но в конце концов я выбрала моего мужа. Мне казалось, что любить самой благороднее. Кроме того, мое влечение к нему было настолько сильным, что я искренне недоумевала, как буду жить дальше, если не смогу ежедневно видеть его. Его манера говорить, ходить по комнате, жестикулировать — все в нем меня мгновенно потрясло. Дышать тем же воздухом, что и он, делить с ним постель, путешествовать — все это казалось мне драгоценным подарком, от которого я не могу отказаться. Короче говоря, харизма моего мужа, должно быть, затуманила мой разум. Как бы там ни было, я оставила Адриана на берегу моря, отказалась от удобства быть любимой и бесповоротно вернулась к моему мужу.

Теперь я не знаю, жалею ли о своем выборе, но осознаю, что цена, которую мне пришлось за этот выбор заплатить, оказалась слишком дорогой — намного дороже той, что я ожидала. Если бы я предпочла быть любимой, а не любить, вероятно, я была бы хорошей матерью, а также обладала бы свободой духа, необходимой для выстраивания крепких дружеских отношений и достижения настоящего успеха в карьере.

Но почему он решил бросить меня в этом году? Почему на исходе весны? Почему сегодня? В любом случае воскресенье было выбрано им неспроста, поскольку это, несомненно, белый день. Если о цветах других дней недели можно поспорить, то воскресенье — однозначно белое. Разумеется, это белый цвет святости. А также обещание мира для всего человечества: мой муж таким образом заботится о том, чтобы наше расставание было полюбовным. К тому же он включил бразильскую музыку, которую слушает, когда спокоен и расслаблен. Значит, его не терзают сомнения по поводу правильности принятого им решения: он уверен в себе и не сделает шага назад. Все будет хорошо.

Но белый цвет воскресенья не так прост, как кажется. Из основ оптики мы знаем, что белый цвет является результатом смешения всех цветов (а не отсутствием цвета, как я думала раньше). Это не невинность невесты, не пустота белого листа: воскресенье — не нейтральное, не девственно-чистое. Белый — это синтез всех цветов, как воскресенье — синтез всех дней недели. Это конечный результат, последняя глава, развязка.

Моя дочь садится за фортепиано. Мой сын достает кларнет. Они готовятся к отчетному концерту в музыкальной школе. Он состоится через три недели, и я уже знаю наизусть музыкальное произведение, которое они будут исполнять. Вообразите себе долгое слезное причитание или, вернее, четырехлетнего ребенка, который хнычет в течение семи минут (искусство Пуленка редко бывает жизнерадостным, но этот дуэт для фортепиано и кларнета особенно ужасен). Если я услышу его еще раз, у меня иссякнут последние силы.

Поднимаюсь на второй этаж, чтобы принять душ. Буду мыть волосы, чтобы наверняка не услышать ни одной ноты. Долго смотрю на свое отражение в зеркале ванной комнаты и не узнаю себя. Возможно, после душа я стану хоть чуточку прежней. Включаю холодную воду, медленно поворачивая кран до упора. До тех пор, пока ледяная струя не начинает с болью впечатываться в мое тело. Холод действует на меня как обезболивающее. Он помогает мне погрузиться в белый цвет воскресенья. Пылинки летают в воздухе, я наблюдаю за их танцем в солнечном луче. Кладу на ладонь немного увлажняющего крема, который кажется мне белоснежным (я не замечала его ослепительной белизны в другие дни недели). Чуть раньше молоко в чашках детей тоже вдруг показалось мне особенно белым. И, естественно, я решаю надеть белую блузку из тончайшего шелка, поскольку, рассматривая одежду в шкафу, я внезапно прихожу к выводу, что белый является самым приятным из всех цветов и, следовательно, единственным, который я могу носить в течение этого дня.

Белый цвет придает мне силы, но он не способен заглушить вопросы, один за другим звучащие в моей голове. Кстати, недавно я узнала, что существуют два способа мышления: одни люди мыслят в форме длинного внутреннего диалога, формулируя настоящие фразы, а другие — абстрактными понятиями. К первой категории, к коей принадлежу и я, относится около 60% населения. Итак, мысленно разговаривая сама с собой, я задаюсь вопросом: почему именно сейчас? Почему этим утром? Почему сегодня?

Что, если мой муж давно разлюбил меня и ждал, пока дети подрастут, чтобы сообщить мне об этом? Может, он подумал, что было бы неплохо развестись до начала лета? Так мы сможем переехать во время летних каникул, и детям не придется менять школу в середине учебного года.

И все-таки я удивлена, что он уходит от меня в июне. Статистика на сей счет говорит однозначно: разводов происходит больше не перед каникулами, а после (в конце лета и после Рождества). Эти цифры обведены красным в моем блокноте, посвященном обучению искусству любви. Уже давно социологи и экономисты отмечают, что уровень разводов не коррелирует с уровнем безработицы или состоянием рынка недвижимости, зато в конце каникул количество разводов систематически увеличивается.

Кроме того, согласно последним данным Института статистики и экономических исследований Франции, вероятность расторжения брака между супругами максимально возрастает через пять лет после свадьбы. Глупости, мы поженились тринадцать лет назад (может быть, это несчастливое число?). Благодаря нашему расставанию в июне, да еще после тринадцати лет совместной жизни, мы станем исключением, подтверждающим правило. Но должна же быть какая-то причина, по которой мой муж решил оставить меня именно сейчас. Неужели он видел меня в среду с Максимом? Или что-то заподозрил вчера в отношении Пьера? А может, он в кого-то влюбился? Впрочем, теперь мне кажется очевидным: билеты в Венецию предназначались не мне. Мы никогда туда не ездили вместе, у нас нет об этом городе никаких воспоминаний: лучшего места для того, чтобы закрутить новый роман, не придумаешь. Со своей новой подругой он откроет для себя Дворец дожей. Он впервые признается ей в любви перед собором Святого Марка, и они будут часами заниматься любовью в номере отеля с видом на Большой канал.

В тот момент, когда я застегивала сережку (золотой ободок, подаренный моим мужем; я уже не смогу носить эти сережки без слез), внезапно мне открылась простая и леденящая душу истина. Мой муж не знает ни о Максиме, ни о Пьере. Он не встретил другую женщину, билеты в Венецию предназначались мне, и никому другому. Он собирается уйти от меня, потому что нашел блокнот, куда я скрупулезно в течение двух лет записываю различные наказания, которым собираюсь его подвергнуть.

Он наткнулся на него, переставляя книги в книжном шкафу. Открыв его, он с ужасом обнаружил написанные мною строчки и комментарии на полях. Этот блокнот совсем не похож на личный дневник: в нем нет длинных пафосных жалоб (как и Федра, я ненавижу изливать свои чувства), ни психологических анализов. Все вмещается в три столбца, начерченных с помощью линейки: проступок, наказание, дата.

На первых страницах блокнота я сформулировала наиболее частые проступки и соответствующие наказания. Таким образом, «забыть пожелать мне спокойной ночи перед сном» с моей стороны предполагает «отсутствие ласки на следующее утро». Аналогично, «часто и долго смотрел в телефон, сидя со мной на диване в гостиной (даже при включенном телевизоре)» влечет за собой «не отвечать в следующий раз на его телефонные звонки (перезванивать только после по меньшей мере двух пропущенных вызовов)».

К сожалению, эти два наказания мне пришлось применить в начале недели с целью восстановления баланса между поведением моего мужа и моим собственным. В этом и заключается принцип восстановительного правосудия — по своему опыту я знаю, как важно, чтобы между супругами царило хотя бы минимальное равноправие.

Для большей безопасности я использовала систему кодирования: каждому любовному проступку соответствовало то или иное наказание. Все просто. Этот блокнот знаменует собой конец деспотизма (моему девятилетнему сыну рассказывали в школе в первой четверти, что самовластие — это неограниченная, единоличная власть). Мне больше не нужно капризничать, в одночасье менять свое мнение, злиться на моего мужа в понедельник и говорить, что его проступок не так уж серьезен во вторник: правила существуют, они всегда одинаковы, их нужно соблюдать.

Применяя наказания, я не принимаю во внимание исключительные случаи и смягчающие обстоятельства. Я не ищу оправданий моему мужу: я беру конкретные факты и делаю из них выводы. Независимо от того, устал он, находится в состоянии стресса или болен, применяется один и тот же закон. Во время судебного заседания судье нет дела до того, что обвиняемый родился в бедной семье или что у него сегодня неудачный день: за каждое правонарушение назначается наказание. Таким же образом, тот факт, что в детстве мать редко брала его на руки или что просто выдалась непростая неделя, не должен приниматься в расчет. Это тяжело, но таково правило.

Проступок — наказание. Триста шестьдесят пять дней в году. Это основа современной правовой системы, которая доказала свою состоятельность. Отчего бы не распространить ее и на частную сферу? Законы регулируют наше поведение и позволяют нам сосуществовать; семейная жизнь не является исключением: моему мужу прекрасно известно, что он должен каждый вечер желать мне спокойной ночи, что он обязан уважать меня и хранить мне верность. Иногда мой блокнот неделями лежит за книгами, и мне не нужно ничего записывать в него. Следовательно, бывают недели без наказаний.

Эта система вовсе не жестокая, как раз наоборот. Прежде всего я создала ее с целью облегчить себе жизнь. Она ограничивает круг вопросов, которыми я ежедневно задаюсь: когда мой муж расстраивает меня, когда его предательство чудовищно (мандарин) или незначительно (телефон на диване), я знаю, что мне следует делать (применить соответствующее наказание). Одна строка, написанная авторучкой, — и решение найдено. Таким образом сокращается количество моих тревожных вечеров и гноящихся, незаживающих ран; поскольку с того момента, как мой муж понес наказание, я считаю, что мы с ним квиты. И тогда я пытаюсь простить его.

Новые проступки регулярно заносятся в блокнот; с годами мой муж находит все новые способы мучить меня. Но иногда мне требуется время, чтобы оценить масштаб несправедливости, жертвой которой я стала. Как в случае со ставнями в спальне, которые мой муж непременно закрывает на ночь. Я никогда не помышляла о том, чтобы наказать его за это, потому что не расценивала его потребность в темноте как преступление.

Но у меня появилось чувство разочарования, которое постепенно увеличивалось, пока наконец прошлой ночью я не расплакалась от гнева. Мне еще предстоит найти эквивалент, который восстановит равновесие, — наказание, с помощью которого можно искупить проведенные мною в темноте сорок тысяч часов сна, разрушительных для моего здоровья. Самое сложное — найти наказание, пропорциональное проступку: не быть ни излишне суровой (я не собиралась выталкивать его из окна, хотя мысль об этом пришла мне вчера в голову), ни слишком снисходительной (недостаточно всего лишь отказаться целовать его по утрам). Может, применить наказание, растянутое во времени, например, отравление? Что, если добавлять небольшую дозу в его кофе утром, если предыдущей ночью я плохо спала из-за закрытых ставен? Разумеется, убивать его не за что (соразмерность между преступлением и наказанием составляет основу правосудия), но легкое слабительное или снотворное, вероятно, пришлось бы весьма кстати.

Конечно, не все так однозначно. Существует серая зона. Например, я ненавижу, когда мой муж засыпает спиной ко мне, но не думаю, что это само по себе может быть проступком. Мне это не нравится, но он вправе так себя вести, хотя, чтобы быть уверенной в этом, я должна узнать, в каких позах спят другие супружеские пары.

Эта неделя выдалась особенно напряженной. Думаю, и дня не проходило без проступка и наказания. Максим, вероятно, был самым строгим из придуманных мною наказаний. Я флиртовала с ним несколько месяцев. Но к действиям перешла после того, как мой муж отрекся от признания в любви, сделанного им посреди ночи. Моя измена стала для него наказанием, возможно, чересчур суровым, но зато справедливым: отрицание чужих чувств — такой же жестокий поступок, как адюльтер. Если бы он подтвердил, что его слова о любви адресовались именно мне, я бы не переспала с Максимом. Я бы воспользовалась этим мнимым педсоветом, чтобы пройтись по магазинам. Мой муж никогда бы не узнал об этом — ему нравится, когда я хорошо одета, но он считает шопинг бесполезным занятием, поэтому я обновляю свой гардероб тайком от него (впрочем, от его внимания не укрылось новое платье, которое я надела на ужин с Луизой и Николя во вторник вечером).

Вчера с Пьером все было по-другому. Я совершенно потеряла над собой контроль. Конечно, мне следовало наказать моего мужа за его выходку с Люси; но не таким образом, без горячности, с холодным рассудком. Прежде чем что-либо предпринять, я всегда записываю проступок моего мужа в блокнот, а наказываю его, как правило, на следующий день, редко — в тот же день.

Для того чтобы функционировать надлежащим образом, правосудие должно быть беспристрастным. Это не позволяет впадать в крайности: вчера из-за собственной горячности я пошла на необдуманный риск.

На этой неделе мне пришлось применить к моему мужу другие наказания, а именно: «делать вид, что я его не слышу, когда он разговаривает со мной» и «переложить в другое место его вещи (бумажник, ключи, рюкзак, одежду, важный документ)». Эти два наказания были следствием следующих двух проступков: «убрать свою руку с моей руки и больше к ней не прикоснуться» и «унижение в присутствии свидетелей (друзей или родственников)». Так, я спрятала его бумажник, чтобы он впустую потратил время и опоздал на работу. Он положил его, как всегда, на комод в прихожей; я же просто переложила его в карман брюк, которые он надевал накануне.

Однако, учитывая серьезность тройного унижения, которому он подверг меня на ужине с Луизой и Николя (его неприятные воспоминания о нашем первом опыте в качестве молодых родителей, отсутствие упоминания обо мне в рассказе о пожарной сигнализации, сработавшей на вечеринке по случаю дня рождения, и, конечно, мандарин), я также решила спрятать папку с важными для его работы документами. Я знала, что в результате ему придется не только зря потратить время на ее поиски, но и позвонить мне, чтобы попросить привезти папку ему.

Я начала перекладывать его вещи много лет назад, задолго до того, как начала вести блокнот с наказаниями. Как-то утром, пока он принимал душ, я вынула ключи из кармана его пальто. В другой раз я положила обратно в шкаф оставленную им в прихожей посылку, которую он должен был отвезти на почту. Несколькими месяцами позже мой муж записался на прием к врачу.

Вначале я делала это из благих побуждений. Я только что вернулась на работу после рождения дочери, и мы, бывало, целыми неделями виделись лишь урывками: я уходила из дома рано утром, он возвращался поздно вечером. Именно тогда я начала перекладывать его вещи, чтобы он просил меня привезти их ему на работу. Мы встречались неподалеку от его офиса и, воспользовавшись случаем, выпивали по бокалу вина в кафе в промежутке между его рабочими совещаниями. Именно так я поступила в среду с его папкой, о чем ничуть не жалею: я из ничего сделала отличное свидание (любовные воспоминания не падают с неба, нужно, чтобы кто-то из нас двоих самоотверженно трудился над их созданием). Кроме того, мне очень нравится быть тем человеком, который знает, где что лежит и чем закончится та или иная сложная ситуация: так я постоянно напоминаю ему, что он нуждается во мне.

Я начала перекладывать вещи мужа потому, что скучала по нему. А теперь я это делаю для того, чтобы он понес заслуженное наказание.

Мой муж случайно наткнулся на мой блокнот с наказаниями. Он мне никогда этого не простит. Да и кто бы простил на его месте? Если бы он нашел мой блокнот для обучения искусству любви или тот, в котором перечислены его музыкальные предпочтения, я бы оцепенела от стыда, но смогла бы объяснить, что собираю материалы для перевода книги. На сей раз очная ставка состоится этим вечером, и у меня не будет возможности отрицать или приуменьшить факты.

Мое тело охватывает дрожь, мне не хватает воздуха. Я чувствую жар, холод, страх, голод, сонливость (я уже и сама не знаю, что именно чувствую). Мне нужен предлог, чтобы прокатиться на машине.

Говорю мужу, что допила последнюю упаковку противозачаточных таблеток и мне нужно обязательно заехать в аптеку.

Еду куда глаза глядят и думаю только о компакт-диске *Supertramp*, лежащем в бардачке.

Первые ноты поперечной флейты, затем саксофона мгновенно возвращают меня в 1980-е годы, но эта песня кажется мне крайне актуальной. Она словно создана для меня. Написана для *этой* поездки на машине, чтобы переложить на музыку конец *моего* брака. Собственно, я убеждена, что эта песня годами ждала меня в бардачке моей машины. Клавишные входят бархатным шагом, почти крадучись, под саксофон. Затем он приходит в неистовство, одерживает верх. После чего вступают барабаны, оттененные саксофоном, которые усугубляют ощущение безнадежности. И, наконец, звучат первые слова. Это однозначно жалоба. Умоляющая, откровенная.

Don't leave me now
Leave me out in the pouring rain
With my back against the wall

Я пою и одновременно невольно перевожу (профессиональная привычка).

Не покидай меня сейчас. Не оставляй меня под проливным дождем, в отчаянии.

Для пущего антуража не хватает только стучащего по машине дождя и дворников, тоскливо скользящих по лобовому стеклу.

Недостает *pouring rain* из песни (но он вряд ли обрушится на меня из безнадежно синего июньского неба).

Don't leave me now
Leave me out on this lonely road
As the wind begins to howl
Don't leave me now.

Не покидай меня сейчас. Не оставляй меня на этой одинокой дороге, где завывает ветер. Не покидай меня сейчас.

Водитель соседней машины пристально рассматривает меня на светофоре. У меня и вправду подавленный вид, хоть я и пою во все горло. Он определенно задается вопросом, не собираюсь ли я врезаться в стену на следующем повороте. На светофоре загорается зеленый свет. Поставив ногу на педаль газа, я пою изо всех сил, мои глаза затуманены слезами. Ничего не скажешь, песня оказала свое действие (я уже в трансе, притом что дело еще не дошло до соло на саксофоне). На пике отчаяния я проезжаю под знак «Стоп». Если меня остановит полицейский, мое залитое слезами лицо должно отбить у него всякое желание составлять на меня протокол.

Don't leave me now
Leave me holding an empty heart

Не покидай меня сейчас. Не оставляй меня с опустошенным сердцем.

Мое сердце переполнено любовью к моему мужу. Перестанет ли оно биться, если у меня больше не будет объекта для любви? Останется ли оно работоспособным, если лишится мотора и цели?

Песня *Supertramp* длится 6 минут 17 секунд. Это много (средняя продолжительность песни составляет 3 минуты 49 секунд), но недостаточно. Прослушиваю ее один раз, второй. И испытываю одинаковые эмоции. Затем я вытираю слезы, нахожу дежурную аптеку. Подъехав к дому, перед тем как выйти из машины, поправляю макияж.

Остаток дня проходит без меня. Мы идем на рынок, мы обедаем у родителей моего мужа, дети катаются вокруг озера на велосипеде, мы пьем кофе, вернувшись с прогулки, я жую кусочек малинового шоколада, я пришиваю оторвавшуюся пуговицу к рубашке моего мужа, мы ужинаем, мы играем вчетвером в настольную игру. Но я веду себя глупо и говорю несуразицу. Я наугад выбираю овощи и фрукты. Я ошибаюсь, выезжая с кольцевой развязки, когда мы едем к родителям мужа. Меня едва не сбила машина из-за того, что я смотрела не в ту сторону дороги, приехав на озеро. Я забыла выпить свой кофе, который в конце концов остыл на кухонном столе. Я так сильно прикусила язык, надкусывая плитку шоколада, что его вкус смешался во рту со вкусом крови. Я несколько раз уколола себя иголкой, чтобы проверить, способна ли еще что-нибудь чувствовать. Я нарочно обожглась, готовя еду. Я всякий раз не знала, когда наступала моя очередь играть.

Но я улыбаюсь. Объясняю мужу, что устала, и это действительно так. Я измотана. Давление, сомнения, ожидание: все внезапно исчезло. Осталась лишь огромная усталость.

Дети наконец легли спать. Мой муж оставался в их комнате немного дольше, чем обычно. Неужели он сказал им пару слов, чтобы подготовить к переменам, которые в скором времени произойдут в нашей семье? Может, он читал им книгу, в которой рассказывается о расставании, о родителях, которые разводятся, но продолжают очень сильно любить своих детей? Или, может, он рассказывал им об истории Франции, как в прежние времена? Интересно, поведал ли он им о том, что Наполеон бросил Жозефину ради более молодой женщины?

Я слышу, как льется вода, и едва дышу, сидя в ожидании его на кровати. Подношу руку к носу, чтобы убедиться, что во мне все еще теплится дыхание. Кажется, я разучилась дышать. Не знаю, получается ли у меня еще извлекать кислород из воздуха на вдохе и выделять углекислый газ на выдохе.

Мой муж выходит из душа. Ко мне возвращается дыхание. На нем надета выцветшая футболка, которую он уже много лет использует в качестве пижамы, и трусы с морским орнаментом.

Какая ирония! Мой муж собирается объявить о завершении нашего брака в футболке с логотипом его любой команды по регби и нелепых трусах с рыбками.

Я не думала, что он будет настолько жесток, чтобы положить конец пятнадцати годам совместной жизни, выбрав для этого нашу спальню, обычным воскресным вечером. Я не думала, что он сможет порвать со мной, не надев брюк. Но я на мгновение задумалась: а как ему следовало поступить? Неужто он должен был пригласить меня в ресторан, чтобы попросить о разводе, или в теннисный клуб, чтобы поговорить со мной о расставании в перерыве между двумя партиями. Не надевать же ему костюм для того, чтобы признаться мне, что он встретил другую женщину.

Мой муж садится рядом со мной. Он берет меня за руки, обхватывает их ладонями, образуя прочный, компактный шарик (этот жест кажется мне торжественным — его серьезность меня немного утешает).

Мы сидим на краю кровати. Именно в этом месте мы устраиваемся всякий раз, когда нам нужно серьезно поговорить. Но теперь я знаю, что у нас больше никогда не будет вечерних разговоров — этих импровизированных исполнительных советов, на которых мы решаем, что делать с авансом, выплату которого задерживает издатель, или с покупкой игровой приставки для нашего сына. Этот разговор на краю кровати будет последним, и поскольку я это осознаю, в нем будет редкая красота тех последних раз, которые замечают.

Мне хочется оборвать его на полуслове. Сказать ему, что я все знаю, что я готова, что я давно ждала этого момента. Но мне не удается издать ни звука.

Мой муж тем временем размышляет, неторопливо подбирая слова. Обычно он за словом в карман не лезет. Но когда речь заходит о чем-то важном, он всегда собирается с духом. Именно этим он сейчас и занимается. Он сосредотачивается, слегка отдвигается, оценивает расстояние, накапливает необходимую энергию и наконец решается:

— Я хотел поговорить с тобой. Не знаю, как начать, я уже давно об этом думаю — вероятно, ты заметила. В этом году нам обоим исполнилось по сорок лет, наши дети подросли... Они взрослеют так быстро. Поэтому я подумал: сейчас или никогда. Как ты смотришь на то, чтобы увеличить нашу семью? Может, родим третьего ребенка?

Я слышу, как говорю «да», и вижу, как целую его. Я вне себя от радости. Мой муж любит меня.

Мне нужно перестать рыться в его вещах, записывать его разговоры, наказывать его. Опьяненная счастьем, я прижимаюсь к нему, получив от него высшее доказательство любви, и в полной решимости с завтрашнего дня начать воплощать в жизнь свои добрые замыслы. Понедельник идеально для этого подходит.

Закрываю глаза, убаюканная океанским дыханием моего мужа, — и тут у меня начинают зудеть бедра. Я игнорирую этот сигнал, зарываюсь лицом в подушку, зажимаю одеяло между ног и отказываюсь чесаться. Но зуд постепенно распространяется на голову, руки, живот.

Эпилог

На этой неделе я зашел слишком далеко. Об этом свидетельствует ее блокнот, в котором отражено все: даже то, как я убрал свою руку с ее руки, когда мы сидели на диване, хотя она трижды пыталась вновь взять меня за руку. Моя женушка записывает все. Она так старается.

Больше всего мне понравился момент, когда я разбудил ее посреди ночи своими признаниями в любви. На следующее утро она светилась от счастья, а затем, спустя несколько часов, в панике позвонила мне, чтобы я подтвердил свои слова. Разумеется, я, как обычно, все спокойно отрицал.

Когда я так делаю, она сходит с ума.

Подумать только, ты до сих пор мне не веришь, а ведь я трижды тебе повторял: повышай свою самооценку, нельзя же до такой степени сомневаться в себе. Моя жена невероятно ранима: как далеко я могу зайти, прежде чем она отреагирует? Неужели она никогда не окажет мне ни малейшего сопротивления? Или однажды она все-таки взбунтуется?

Признаться, в последние дни я хорошенько потрепал ей нервы: когда в полдень среды пристально рассматривал симпатичную официантку в итальянском ресторане, когда заснул посреди разговора, не пожелав ей спокойной ночи, когда сильно испугал ее, невзначай шепнув, что нам нужно поговорить наедине. Кроме того, я был с ней неласков в гостях у Николя и Луизы. Но, честно говоря, я не думал, что ее так сильно расстроит эта история с мандарином. Я действительно считал, что этот фрукт ей очень подходит. Он обладает восхитительным кисловатым вкусом, которым можно наслаждаться бесконечно.

Чего она только не натворила за эту неделю, но исчезнуть вместе с Пьером на дне рождении нашей дочери — это уж ни в какие ворота не лезет! Я по-настоящему испугался, что кто-нибудь увидит, как они вместе покидают ванную комнату; с ее стороны это было не очень умно, поскольку окно коридора выходит в сад.

Я не виню ее за этот поступок: я должен был предвидеть, что она не перенесет жесткого флирта с ее лучшей подругой, к которому я прибег в ее присутствии. Но, как водится, тем же вечером я занимался с ней любовью. Я поступаю так всегда, когда она изменяет мне. Я мечу свою территорию, а еще тем самым говорю ей без слов, что не сержусь на нее и прощаю ее.

На следующей неделе я буду вести себя образцово. В блокноте не появится ни одной новой строчки: я не совершу ни малейшей оплошности. Можно даже проявить излишнее усердие: внезапно признаться в любви и преподнести оригинальный подарок. Она наверняка уже знает про Венецию, раз копается в моих электронных письмах, но это сработает.

Чтобы поддерживать соотношение сил в мою пользу, нужно варьировать интенсивность: если бы все недели походили на эту, она бы утомилась и в конце концов впала бы в бесчувствие. Поэтому после тяжелой недели — темп должен нарастать от понедельника до воскресенья — мне следует проявить к ней заботу. Тогда она ослабит контроль и поймает себя на мысли: у нас с мужем бывают счастливые моменты. Или даже испытает чувство вины: как я могла до такой степени злиться на него, ведь он поистине любящий муж?

Для реализации моей последней стратегии мне нужно, чтобы между нами установилась спокойная атмосфера. На этой неделе я узнал о новом мужском контрацептиве, и у меня появилась мысль предложить ей завести третьего ребенка: это тепловой, обратимый, незаметный метод контрацепции, благодаря которому моя жена поверит, что стала бесплодной или, еще хуже, что у нее уже начался климакс. Она будет месяцами тревожиться из-за того, что не может дать мне то, что я хочу, — она будет умирать от беспокойства, что я уйду от нее к более молодой женщине, способной родить мне. Возможно, я буду использовать этот метод в течение нескольких месяцев; и, когда она потеряет всякую надежду, я сделаю ей ребенка. Кроме того, она будет любить этого ребенка меньше, если быстро забеременеет, — мы оба знаем, что материнство не является ее сильной стороной. Вообще-то я буду рад появлению на свет третьего ребенка — мне захотелось его иметь, когда я увидел, как счастливы Николя и Луиза.

У меня нет ни блокнота, ни системы кодирования, я оставляю этой своей жене. Я действую по своему желанию: делаю то, что хочу. Я сближаюсь с ней, когда мне ее не хватает, я отдаляюсь от нее, когда она меня раздражает. Приятно сознавать, что она на все готова ради меня. Это успокаивает и придает уверенность. Ни одна женщина не будет любить меня так, как она. Моя жена.

Ода нарциссизму

Наш век, несомненно, войдёт в историю как эра нарциссизма. Каждый из нас в большей или меньшей степени нарцисс. Разница лишь в степени выраженности нарциссических качеств. Крайняя степень нарциссизма — это нарциссическое расстройство личности. Расстройства личности — это не психиатрические диагнозы, их нельзя вылечить таблеткой, это патология характера. Когда какое-либо качество в избытке, характер выходит за пределы условной нормы и становится проблемой как для его обладателя, так и для окружающих. В случае с нарциссизмом можно по-разному называть излишний нарциссизм — клиническим, патологическим, злокачественным, и всё это будет означать лишь то, что нарциссизм обретает нездоровое проявление. Далее я буду употреблять термин «нарциссизм», подразумевая именно его нездоровое проявление.

В романе «Мой муж» мы наблюдаем историю любви, а точнее, нелюбви двух «злокачественных» нарциссов. Возможно, не с нарциссическим расстройством, но то, что характеры обоих супругов далеки от условной нормы, прослеживается в их поведении. В их союзе есть всё: взаимные манипуляции, измены, обиды, месть, страх, тревога, неуверенность и контроль, поиск доказательств любви партнёра, но только не любовь.

Любовь — это чувство, чувство можно только почувствовать, его нельзя доказать или понять. А когда человек не способен любить ни себя, ни другого, он постоянно ищет доказательства любви. Контролирует, потому что не доверяет; хочет, чтобы любили его, потому что сам любить не способен; манипулирует, потому что не умеет выстраивать искренние отношения.

Союз двух нарциссов — это бесконечная манипулятивная игра. Излюбленная игра нарциссов, которую они разыгрывают во всех отношениях, — это, конечно, треугольник Карпмана. В игре могут участвовать как трое, так и двое игроков: несчастная жертва, злодей тиран-преследователь и «благородный» спасатель. В отличие от сказки, где есть добро и зло и добро побеждает, в треугольнике Карпмана игроки поочерёдно меняются ролями. В этой игре нет победителей и побеждённых, она длится до тех пор, пока существуют отношения. Один человек проигрывает поочерёдно все три роли, жертва и тиран периодически меняются местами. Тиран — это некогда жертва, жертва — будущий тиран. Каждая роль приносит игроку свои психологические выгоды, которые игроки не осознают, как в целом не играют в эту игру осознанно. Это игра бессознательного.

Роль жертвы, которая на первый взгляд кажется самой невыгодной, на самом деле самая манипулятивная и приносит огромные психологические выгоды «бедняжкам». «Бедняжка» — несчастная жертва, беспомощная страдалица, которая не в силах противостоять тирану. В такой роли человек напрочь снимает с себя ответственность за свою жизнь, решения и т. д. Жертва обижена, и это даёт ей возможность себя жалеть! Ведь, как мы уже знаем, любить она себя неспособна, а жалость — это такой суррогат, подмена любви. А если жаловаться другим, то можно ещё получить много жалости и внимания от окружающих. А это и для самооценки, которая всегда нестабильна у нарцисса, приятный бонус.

Роль тирана даёт возможность критиковать и обесценивать свою жертву, самоутверждаясь и чувствуя своё превосходство. И в этой роли можно потешить своё больное эго. Критикуя другого, человек как бы присваивает себе те качества, которых лишает жертву. Ты глупая, значит, я умный, у тебя проблемы с самооценкой, значит, я уверен в себе, ты больная — я здоровый.

Спасатель, который кажется самым «душкой» в этом игрище, на самом деле никого не спасает. Это и невозможно, поскольку жертва и не собирается быть спасённой, она не умеет получать внимание здоровым способом, да и решать ничего не собирается, чтобы не брать на себя ответственность. А сам спасатель получает превосходство над жертвой. Если я помогаю или хотя бы пытаюсь помочь, значит, я умнее, компетентнее, я способен помочь этому несчастному. А значит, я замечательный, благородный человек.

По большому счёту каждая роль, при кажущейся разности, даёт игроку возможность залатать свою самооценку на свой манер. Кроме того, в этом больном взаимодействии подтверждаются сделанные в детстве выводы о себе и мире, проигрываются детские травмы, которые есть у каждого. Разница лишь в их интенсивности, количестве и в том, как психика с ними справилась, какие выработала защиты.

Нарциссическая травма, полученная нарциссом в детстве, закладывает убеждённость в своей дефективности, ущербности. Нарцисс не получил в детстве нужную «дозу» безусловной родительской любви, его не принимали и не любили просто за то, что он есть. А именно безусловная родительская любовь закладывает надёжный фундамент для самооценки и любви к себе. Поскольку нарцисс не способен любить сам и к тому же, несмотря на внешнюю успешность, чувствует себя неполноценным, он не может поверить, что его могут любить. Отсюда постоянное недоверие к партнёру и контроль. Это сложно понять здоровому человеку, но нарцисс ищет «косяки» партнёра, чтобы получить повод мстить и наказывать: «Ах, ты не любишь меня, как когда-то мой родитель, — ты будешь наказан». А когда нет реального повода для обиды, нарциссу не составит труда его выдумать: «Ах, ты сравнил меня с мандарином, негодник» — прекрасный повод для измены.

Нарциссу неведома искренность в отношениях, он не знает, что, если его обидели, о своих чувствах можно и нужно сообщить партнёру. В детстве с его чувствами не считались, и такого навыка коммуникации у него нет. Вместо того чтобы сообщить, какое именно действие или высказывание ему было неприятно, вместо того чтобы дать другому человеку инструкцию, как с ним нужно себя вести, нарцисс выбирает месть.

Взаимодействие нарциссов — это встречные манипуляции. Он манипулирует ею, она им — вечная игра в то, кто кого переманипулирует. В здоровых отношениях так не получится. Поэтому, когда героиня выбирает между любящим бывшим и нарциссом-манипулятором, ее выбор очевиден. Гарантированно будут триггериться детские травмы и отыгрываться роли. Парадокс в том, что поддаться на манипуляцию может только манипулятор. В здоровой коммуникации человек выстраивает границы и после нескольких «выходок» нарцисса предпочтёт выйти из контакта, а не вступать в нездоровые созависимые отношения.

В созависимых отношениях один партнёр нарушает границы, другой позволяет их нарушать. Виной тому и проблемы с самооценкой, и страх быть отверженным, и страх одиночества. Для человека, который любит себя, самый главный человек в его жизни — это он сам, его внутренний мир, его чувства и душевное равновесие. Такой человек не позволяет никому, даже самым близким, себя обижать, он выстраивает отношения, в которых есть взаимная любовь и близость. У человека со здоровой самооценкой нет страха остаться в одиночестве, он знает, что на земле достаточно хороших людей, для него свет не сходится клином на одном человеке. В здоровых отношениях есть доверие, в отношениях нарциссов вместо доверия и любви — патологическая ревность и контроль.

Контроль даёт нарциссу ощущение власти над жертвой и уверенность в отношениях. Я всё контролирую, значит, я главный. Я такой великий, что даже контролирую измены своей жены, я могу влиять на других. Контроль органично вписывается в модель функционального отношения к людям. Партнёр воспринимается нарциссом не как отдельная личность, а как собственность, у которой есть функция — обслуживать его потребности и желания. Для нарцисса другой человек — это его ресурс, функция, объект, кормушка, но только не человек со своими отдельными потребностями и желаниями. Нарциссу, в принципе, не важно и не интересно, что вы думаете и тем более чувствуете. Отсюда и постоянное нарушение границ партнёра.

Нарушение границ проявляется не только в обидных высказываниях, но и в полной уверенности, что можно рыться в вещах партнёра без спроса, контролировать каждый его шаг, читать личные переписки. Ну какие личные переписки могут быть у вещи? Конечно, идея собственности влечёт за собой и патологическую ревность! Это же моё, как кто-то другой может претендовать на мою собственность? Даже смотреть, даже разговаривать. Как кому-то может уделяться время, даже если эти кто-то — наши собственные дети. Партнёр просто обязан обслуживать исключительно мои потребности и не имеет права отвлекаться от своих прямых обязательств.

Другая причина ревности нарцисса — его собственные измены. Причём свои измены он всячески оправдывает и не считает чем-то плохим. Вспомним мандарин и «мой муж флиртовал с моей подругой». Разве этого недостаточно для секса с другом семьи? «Я изменяю из лучших побуждений, свою неверность я не осознаю и с помощью механизма проекции вижу свои грехи в партнёре».

Как правило, мужчины-нарциссы социально успешны, а женщины хороши собой, но в то же время у них серьёзные проблемы с самооценкой. Им сложно поверить, что их действительно можно искренне любить. Поэтому им нужно быть начеку. Отсюда их излюбленные приёмы в виде эмоциональных качелей и других манипуляций. Уверенный человек не будет прибегать к всевозможным приёмам захвата по удержанию любви, он знает, что хорош такой, какой он есть, а если его разлюбят, это, может, неприятно, но сильного урона его самооценке не несёт.

Нарцисс не способен любить сам, но ему важно, чтобы любили его. Это поддерживает его неустойчивую самооценку: «Ни одна женщина не будет любить меня так, как она. Моя жена». Нарцисс не может позволить себе такую роскошь! Поэтому он будет использовать весь свой арсенал манипуляций и совершенствоваться в них. Примечательно, но все приёмы пикапа, которые можно освоить на всевозможных курсах, списаны с поведения нарцисса. Только нарцисс нигде этому не учился, это его «базовые настройки».

Герой нашего романа использует излюбленный нарциссический приём **«ближе-дальше»**, или эмоциональные качели. Суть приёма в том, чтобы раскачать эмоции партнёра, то приближаясь, то отдаляясь. Не обязательно физически исчезать из отношений, можно провернуть всё это, и находясь на одной территории, — просто отдаляясь эмоционально. Просто сегодня я холодный и загадочный, а завтра я снова с тобой. Оба героя романа используют манипуляции, он отдаляется от неё эмоционально, а она сознательно не сразу и не всегда отвечает на его звонки. Око за око. Такие приёмы усиливают страх отвержения и страх быть покинутым и ещё больше подсаживают жертву на крючок. Таким образом нарцисс сохраняет внимание партнёра и контролирует его. «Я сближаюсь с ней, когда мне её не хватает, я отдаляюсь от неё, когда она меня раздражает».

Другой приём — это **газлайтинг**. Манипулятивный приём, цель которого заставить человека усомниться в своей адекватности восприятия реальности. Излюбленные фразы газлайтера: «Я такого не говорил», «Не было такого», «Ты выдумываешь». Название взято из фильма «Газовый свет», где муж сводил жену с ума, меняя яркость газового освещения, убеждая жену, что перемены в яркости освещения ей мерещатся. Газлайтер внушает жертве, что она испытывает галлюцинации, поэтому нездорова. «Разумеется, я, как обычно, всё спокойно отрицал. Когда я так делаю, она сходит с ума». Иногда человеку легче усомниться в своей адекватности, чем поверить, что партнёр нагло лжёт.

Триангуляция отношения — это обязательная программа в отношениях с нарциссом. Когда в ваших отношениях завёлся кто-то третий, количество вводимых объектов, конечно, не ограничивается одним человеком. В отношениях с нарциссом вы никогда не сможете побыть вдвоём, вас будет много. Это может быть как реальный любовник или любовница, с которым у нарцисса есть связь, так и просто коллега, соседка или приятельница, с которой вас будут сравнивать или просто флиртовать, вызывая в вас ревность и подрывая вашу самооценку. «Признаться, в последние дни я хорошенько потрепал ей нервы: когда в полдень среды пристально рассматривал симпатичную официантку в итальянском ресторане...» Получается, что отношения нарциссов — это бесконечное обслуживание их детских травм и нестабильной самооценки.

Так что же делать, чтобы выжить в этой безумной любви?

Сами нарциссы редко обращаются к психологам, поскольку их ранимое эго не позволяет им обращаться за помощью. Для них это признак слабости. Тем более терапия — это про них и про их проблемы, а у нарцисса не может быть проблем, а если и есть, то виноваты в этом исключительно другие, но не он сам. Даже если нарцисс всё-таки решится обратиться за помощью, рано или поздно он включит все свои привычные схемы поведения с другими и в отношениях со своим терапевтом. Будет манипулировать временем — опаздывать, отменять сессии, забывать их оплатить или, наоборот, платить больше, чем было оговорено. Как это кто-то другой устанавливает правила? Я так не играю. Ну а рано или поздно нарцисс обесценит собственного терапевта и уйдёт, как и водится у нарциссов, не попрощавшись.

Гостинг — это тоже излюбленный приём нарцисса. Внезапное исчезновение из отношений, с таким же внезапным появлением.

Бытует мнение, что для коррекции нарциссического расстройства может понадобиться десять лет терапии. Это практически означает, что это расстройство не поддаётся коррекции, такой человек не сможет научиться любить и перейти в категорию условно здорового человека. Но как бы ярко выражен ни был уровень нарциссизма, задача терапии — максимально снизить его проявления. Снизить уровень игры и как минимум обучить нарцисса нормальным навыкам коммуникации в отношениях. Но для этого у нарцисса должен сформироваться такой запрос, как построение здоровых отношений. Зачастую, придя к психологу, нарцисс хочет разузнать, как ему манипулировать ещё лучше, какие есть ещё более эффективные манипуляции.

Очень часто можно увидеть статьи из серии «Как не стать жертвой нарцисса». Если вы жертва, значит, вы тоже манипулятор — вспомните треугольник Карпмана, — а это значит, что и вам пора обратиться за помощью и выйти из этой игры. И жертва и тиран-абьюзер — это люди с определёнными детскими травмами и проблемами с самооценкой и границами. Травма хочет себя воспроизвести, поэтому, пока она не исцелена, вы будете попадать в отношения, где поведение партнёра будет триггерить ваши травмы. Нарцисс цепляет вас за ваши слабые места, попадает в ваши «зоны-мишени» в самооценке. Из-за страха быть покинутыми и страха одиночества жертва не способна защищать свои границы, тем самым попадая в зависимость. Что значит защищать свои психологические границы?

Ваши психологические границы — это ваши чувства, ваш внутренний мир. Как вы помните, человек со здоровой самооценкой и любящий себя не позволяет никому свои границы нарушать. Простыми словами, не позволяет себя обижать, сообщая оппоненту о своих чувствах. Объясняя, почему такое действие, слова или бездействия вызывают у него условно негативные эмоции. И ещё предупреждает о возможных последствиях, если в дальнейшем поведение человека не изменится. А если поведение не меняется, выполняет свои обещания. А не мстит без предупреждения, если человек сам не догадался, что с вами так нельзя.

Например: «Когда мой партнёр при мне пристально разглядывает других женщин, мне неприятно/грустно/обидно, потому что я начинаю сомневаться в твоих чувствах ко мне и могу перестать тебе доверять. Давай будем беречь чувства друг друга». Это здоровый способ выразить своё недовольство поведением партнёра, это не даёт гарантии, что человек так больше не будет, но даёт возможность человеку исправить своё поведение. Человек, которому вы дороги, вас услышит, а если нет, у вас будет отличная возможность понять истинное отношение к себе и не цепляться за отношения, где ваши чувства неважны. Чтобы не оставаться в отношениях, где вам плохо, нужно избавляться от страха одиночества и лечить травмы отвержения. Подобные страхи и травмы — это прямой путь в зависимые отношения и причина неспособности защитить свои границы. Вас оскорбляют, унижают, а вы позволяете другому так с собой себя вести из-за страха, что вас бросят, или из-за низкой самооценки, или убеждения, что с вами так можно, потому что с вами уже так поступали когда-то родители или другие значимые взрослые. А унижения, обидные высказывания, нелицеприятные шутки в ваш адрес, измены заставляют вас ещё больше усомниться в собственной значимости, что ведёт к ещё большим проблемам с самооценкой. В свою очередь неуверенность в себе активизирует страх быть покинутым и страх одиночества. А нарциссы всегда чувствуют ваши страхи и слабые места. «Я ведь трижды тебе повторял: повышай свою самооценку, нельзя же до такой степени сомневаться в себе. Моя жена невероятно ранима: как далеко я могу зайти, прежде чем она отреагирует?»

Одна психологическая проблема влечёт и поддерживает другую. Невозможно стабилизировать самооценку без проработки детских травм и установок по отношению к себе и миру. В момент травмы ребёнок принимает решение о себе, о других или о мире. Это решение забывается, но откладывается очень глубоко и ведёт свою подрывную деятельность. Во всех последующих отношениях человек будет неосознанно искать подтверждение принятого решения и будет его находить.

Например, в момент развода родителей ребёнок сделал вывод, что он не нужен своим родителям. Уже во взрослом возрасте человек с таким выводом будет вступать в отношения, где будет чувствовать себя ненужным. Неосознанно, раз за разом, подтверждая для себя правильность принятого в детстве решения. Он искренне будет не понимать, почему ему попадаются такие партнёры, почему он так несчастлив в отношениях.

Нарцисс цепляет жертву лишь в том случае, когда подобный опыт отношений уже был ранее в её жизни. Если с ребёнком несправедливо обращались в детстве, его некому было защитить, единственной реакцией, которая могла помочь выжить, было подчинение. Во взрослом возрасте при общении с нарциссом, столкнувшись с его критикой и обвинениями, всплывают старые детские реакции, несмотря на то, что человек уже взрослый и может дать отпор. Если ребёнок не чувствовал себя любимым, ощущал свою неполноценность, он мог стараться быть хорошим, идеальным, чтобы заслужить любовь и внимание. Во взрослом возрасте, столкнувшись с подобным отношением, вместо того чтобы уйти, человек начинает стараться ещё больше, чтобы заслужить любовь.

Когда в жизни ребёнка была потеря родителя или значимого взрослого, родитель был эмоционально холодный, недоступный, ребёнок рос с ощущением, что ему не на кого рассчитывать. Ребёнок мог ощущать себя бременем для родителей, боялся расстроить их своим поведением, не соответствовать их ожиданиям. В результате в отношениях с нарциссом такой человек не будет учитывать свои потребности, лишь бы угодить партнёру. Страх потерять его или расстроить заставляет жертву подчиняться в ущерб своим потребностям, не отдавая приоритет своим чувствам. В общении с нарциссом «оголяются» слабые зоны в вашей самооценке. Нарцисс присваивает себе те качества, которые «забирает» у жертвы своей критикой. Когда он критикует ваш ум, вы становитесь глупой, а он, соответственно, умным. Когда он говорит, что вы не уверены в себе или больны, он, соответственно, здоров и уверен. У нарцисса не меньше проблем с самооценкой, но таким способом, унижая свою жертву, он хоть и ненадолго, но укрепляет свою самооценку.

Наталия Драга, психолог

Содержание

Литературно-художественное издание

Вентура Мод

Мой муж

Генеральный директор издательства *С. М. Макаренков*

Шеф-редактор *Татьяна Соловьёва*
Ведущий редактор *Ника Тестова*
Арт-директор Андрей Сауков
Ведущий дизайнер *Нонна Гончарова*
Дизайнер *Ольга Смирнова*
Верстальщик Александра Костина
Корректор *Олег Пономарёв, Екатерина Воронина*

В оформлении обложки использованы материалы
по лицензии агентства *Shutterstock, Inc.*

Подписано в печать 25.07.2024 г.
Формат 60×90/16. Гарнитура Goldenbook. Усл. печ. л. 17,0

16+

Знак информационной продукции согласно
Федеральному закону от 29.12.2010 г. № 436-ФЗ

Адрес электронной почты: info@ripol.ru
Сайт в Интернете: www.ripol.ru

Издательство «РИПОЛ классик» в соцсетях:
vk.com/ripolclassic

Редакция художественной литературы:
vk.com/ripol_fiction

ООО Группа Компаний «РИПОЛ классик»
109147, г. Москва, ул. Большая Андроньевская, д. 23

Отпечатано: АО «Т8 Издательские Технологии»
109548, г. Москва, Волгоградский проспект, дом 42, корпус 5
www.t8print.ru; info@t8print.ru
Тел.: +7 (499) 322-38-30

Заказ №Д083714